MIX
Papier aus verantwortungsvollen Quellen
Paper from responsible sources
FSC® C105338

Daniel Schupmann

Lernen fremder Sprachen

Lernstile und Konsequenzen für den
Fremdsprachenunterricht

Diplomica Verlag GmbH

Schupmann, Daniel: Lernen fremder Sprachen: Lernstile und Konsequenzen für den Fremdsprachenunterricht. Hamburg, Diplomica Verlag GmbH 2015

Buch-ISBN: 978-3-95934-523-1
PDF-eBook-ISBN: 978-3-95934-023-6
Druck/Herstellung: Diplomica® Verlag GmbH, Hamburg, 2015
Covermotiv: pixabay.de

Bibliografische Information der Deutschen Nationalbibliothek:
Die Deutsche Nationalbibliothek verzeichnet diese Publikation in der Deutschen Nationalbibliografie; detaillierte bibliografische Daten sind im Internet über http://dnb.d-nb.de abrufbar.

Das Werk einschließlich aller seiner Teile ist urheberrechtlich geschützt. Jede Verwertung außerhalb der Grenzen des Urheberrechtsgesetzes ist ohne Zustimmung des Verlages unzulässig und strafbar. Dies gilt insbesondere für Vervielfältigungen, Übersetzungen, Mikroverfilmungen und die Einspeicherung und Bearbeitung in elektronischen Systemen.

Die Wiedergabe von Gebrauchsnamen, Handelsnamen, Warenbezeichnungen usw. in diesem Werk berechtigt auch ohne besondere Kennzeichnung nicht zu der Annahme, dass solche Namen im Sinne der Warenzeichen- und Markenschutz-Gesetzgebung als frei zu betrachten wären und daher von jedermann benutzt werden dürften.

Die Informationen in diesem Werk wurden mit Sorgfalt erarbeitet. Dennoch können Fehler nicht vollständig ausgeschlossen werden und die Diplomica Verlag GmbH, die Autoren oder Übersetzer übernehmen keine juristische Verantwortung oder irgendeine Haftung für evtl. verbliebene fehlerhafte Angaben und deren Folgen.

Alle Rechte vorbehalten

© Diplomica Verlag GmbH
Hermannstal 119k, 22119 Hamburg
http://www.diplomica-verlag.de, Hamburg 2015
Printed in Germany

Inhaltsverzeichnis

1 Einleitung 3

2 Begriffsklärung 6

    2.1 Kognitiver Stil oder Lernstil? 6

    2.2 Lernstrategien 9

    2.3 Lern(er)typen 13

    2.4 Stile in Abgrenzung zu Fähigkeiten 15

3 Stand der Lernstilforschung und ausgewählte Vertreter einflussreicher Konzepte sowie deren Relevanz für die Fremdsprachenforschung 18

    3.1 Lernstile – Versuch einer Kategorisierung 19

    3.2 Ausgewählte Vertreter einflussreicher Lernstilkonzepte 22

        3.2.1 Lernstile sind weitestgehend genetisch bedingte, schwer beeinflussbare Persönlichkeitsmerkmale 22

            3.2.1.1 Gregorc 22

            3.2.1.2 Dunn & Dunn 27

        3.2.2 Lernstile beruhen auf den kognitiven Strukturen eines Individuum 34

            3.2.2.1 Witkin 35

            3.2.2.2 Riding 39

        3.2.3 Lernstile sind Teil eines relativ stabilen Persönlichkeitstypus – Der Myers-Briggs-Typenindikator (MBTI) 44

        3.2.4 Lernstile sind flexible, aber dennoch solide Lernvorlieben – Kolbs Experiential Learning Theory 51

        3.2.5 Lernorientierungen, -einstellungen und -strategien als konstitutive Größen von Lernstilen am Beispiel Entwistles 57

        3.2.6 Weitere Einflussgrößen im Fokus der Fremdsprachendidaktik 64

            3.2.6.1 Ambiguitätstoleranz/-intoleranz 65

            3.2.6.2 Induktion/Deduktion 67

    3.3   Abschließende Bewertung der stilbezogenen Fremdsprachenforschung 69

4   Unterrichtspraktische Konsequenzen **79**

    4.1   Identifikation von Lernstilen.. 79

        4.1.1   Konstruktinhärente Limitationen................................. 80

        4.1.2   Fragebögen zur Erhebung bevorzugter Lernstrategien am Beispiel des Strategy Inventory for Language Learning............... 83

        4.1.3   Lernertagebücher und Sprachlernerinnerungen 87

        4.1.4   Lautes Denken 89

        4.1.5   Weitere Alternativen zum Zwecke der Thematisierung unterschiedlicher Lernstile 90

    4.2   Matching oder Stretching? 93

    4.3   Lerninhalte vor dem Hintergrund eines stilorientierten Lehrstils 98

        4.3.1   Integrative Berücksichtigung stilrelevanter Faktoren.................. 98

        4.3.2   Gezieltes Strategietraining 103

5   Schlussbetrachtung **106**

6   Literaturverzeichnis **109**

    6.1   Sekundärliteratur 109

    6.2   Elektronische Quellen 114

7   Anhang **117**

1 Einleitung

Im Laufe der letzten Jahrzehnte hat das Wissenschaftsgebiet der Lernpsychologie zahlreiche Faktoren ausgemacht, die die mitunter stark variierenden Resultate menschlichen Lernens beeinflussen. Als Auslöser für ein gesteigertes Interesse an den Bedingungen von Denk- und Verstehensprozessen gilt dabei der Paradigmenwechsel vom Behaviorismus zum Kognitivismus, der so genannten *Kognitiven Wende*.

Während sich manche Wissenschaftler/innen auf die Betrachtung von Einflussgrößen wie beispielsweise die Intelligenz, Motivation oder soziokulturelle Hintergründe konzentrieren, hat sich eine Forschungsrichtung entwickelt, die sich der Charakteristik unterschiedlicher Lernzugänge widmet, d. h. dem *Wie* des Lernens. Im Zentrum der Aufmerksamkeit stehen diesbezüglich verschiedene Modalitäten der Aneignung, Strukturierung und des Abrufs neuer Informationen – Komponenten des Lernens, deren je spezifische Ausprägungen unter dem Begriff des individuellen *Lernstils* subsumiert werden. Darüber hinaus werden in zahlreichen Publikationen auch sozial-affektive Beschreibungsgrößen als lernstilbestimmend angesehen. Eine solche weite Definition vertritt z. B. Grotjahn (1998:11). Er sieht Lernstile

> „im Sinne von intraindividuell relativ stabilen, zunächst situations- und aufgabenunspezifischen Präferenzen (Dispositionen, Gewohnheiten) von Lernern sowohl bei der Verarbeitung (Aufnahme, Strukturierung, Speicherung ...) von Informationen als auch bei der sozialen Interaktion."

Das Postulat einer Existenz stilgeprägter Lernwege ruft Vertreter verschiedenster Interessensgemeinschaften auf den Plan, die hierin ein theoretisches Konstrukt besonderer Relevanz vermuten. Insbesondere im Bereich der Pädagogik bzw. der mit ihr verkoppelten Fachdidaktiken hat sich ein mittlerweile breiter Diskurs entfaltet, dessen inhaltlicher Schwerpunkt auf der Besprechung lehrpraktischer Auswirkungen liegt. Die Ausgangsbasis bildet hierbei die Argumentation, dass Lernstile notwendigerweise auch im Bezugsrahmen von Lehrstilen betrachtet werden müssten, wobei das diesem Aufeinandertreffen inhärente Konfliktpotenzial weit reichende Einflüsse auf den persönlichen Lernerfolg impliziere.

So gibt es auch im spezifischen Kontext der Fremdsprachenforschung[1] Hinweise darauf, dass es bezüglich des Lernens fremder Sprachen durchgängig erkennbare Muster i. S. möglicherweise wirksamer Sprachlern- und Sprachproduktionsstile gibt (vgl. Schulz-Wendler 2001:38ff). Nicht eindeutig geklärt ist hingegen das Verhältnis dieser charakteristischen Phänomene zu allgemeineren Lernpräferenzen eines Lerners/einer Lernerin, ein Umstand, der den Kern des Interesses der vorliegenden Arbeit berührt.

Diese beschäftigt sich zunächst mit der Frage, welche Stildimensionen, d. h. stilprägend funktionale Merkmale, für die Aufnahme- und Verarbeitungsprozesse fremdsprachlicher Informationen verantwortlich sind. Diesbezüglich wird sich herausstellen, dass eine solche Bestimmung vor dem Hintergrund einer Vielzahl von weitgehend ambivalenten Forschungsbeiträgen sowohl inhaltlich als auch terminologisch abenteuerlich ist.

In einem weiteren Schritt sollen die unterrichtspraktischen Konsequenzen geklärt werden, die sich aus der zuvor durchgeführten Aufarbeitung theoretischer Konzeptionen ergeben.

Schon an dieser Stelle sollte der Leser/die Leserin darauf hingewiesen werden, dass er/sie insbesondere im Verlauf der Besprechung der für den Fremdsprachenunterricht bedeutsamen Lernstilkonzepte einer überdurchschnittlich hohen Zahl englischsprachiger Literaturquellen begegnen wird. Dieser Umstand resultiert aus der nahezu exklusiv nordamerikanisch und britisch geprägten Lernstilforschung, wobei der bescheiden ausfallenden Auswahl deutschsprachiger Autor/innen besondere Aufmerksamkeit geschenkt wird.

Die inhaltliche Struktur der Arbeit deckt zunächst den Bedarf an terminologischem Verständnis, indem Kapitel 2 in grundlegendes Vokabular und wichtige Differenzierungen einführt.

Dem schließt sich in Kapitel 3 ein Lagebericht zum anfänglich unstrukturiert wirkenden Feld der Lernstilforschung an. Dieser thematische Prolog mündet

---

[1] Mit Bezug auf Schulz-Wendler (2001) wird der Begriff *Fremdsprachenforschung* in der vorliegenden Arbeit in Anlehnung an Grotjahn (1999) als Sammelbegriff für *Sprachlehr-/Sprachlernforschung, Fremd-/Zweitsprachenerwerbsforschung* sowie *Fremdsprachendidaktik* verwendet.

in die Wahl einer Taxonomie, die im weiteren Verlauf als unentbehrlicher Bezugspunkt dienen soll.

Sodann beginnt die systematische Darstellung der für das erste Etappenziel der Arbeit relevanten Lernstilkonzepte. Derer sind es acht, wobei sich im Rahmen der gewählten Klassifikation eine Möglichkeit zur Einordnung dieser in fünf Gruppen aufzeigen wird.

Nicht einem bestimmten Lernstilkonzept zurechenbar, jedoch gleichermaßen bedeutsam, folgt die Besprechung zweier Stildimensionen, deren Berücksichtigung hinlänglich dargelegt wird.

Nach Abschluss der Sammlung potenziell im Rahmen des Fremdsprachenlernens wirksamer Merkmale, wird auf Grundlage der in den jeweiligen Teilkapiteln besprochenen Positionen eine von dieser Stelle an gültige Selektion vorgenommen. Sie stellt gleichermaßen eine abschließende Bewertung des Theorieteils und das Fundament für die folgenden Überlegungen hinsichtlich lehrpraktischer Implikationen dar.

Kapitel 4 widmet sich anfänglich bestehenden Alternativen zur Thematisierung und Identifikation von Lernstilen im Fremdsprachenunterricht. Besonderes Interesse gilt dabei der Gefahr methodischer Verwicklungen.

Daraufhin wird die zentrale Frage geklärt, welcher Stellenwert der Berücksichtigung von Lernvorlieben im unterrichtspraktischen Alltag gegeben werden soll.

Die Antwort hierauf legitimiert den letzten Abschnitt, der zum einen praxisbezogene Vorschläge zur Umsetzung eines integrativen Lehrstils unterbreitet und darüber hinaus über den Aufbau und die Durchführung eines gezielten Lernstrategietrainings informiert.

Die Arbeit schließt mit einer vergleichsweise knappen Gesamtbewertung, da zugunsten der Nachvollziehbarkeit zentrale Erkenntnisse und teilweise abschließende Beurteilungen schon den jeweiligen Kapiteln beigefügt werden.

2 Begriffsklärung

Zum Zwecke einer (wo möglich) eindeutigen und unmissverständlichen Verwendung lernstilbezogener Begrifflichkeiten soll dieses Kapitel zunächst die zentralen, allzu oft unzulässigerweise synonym verwendeten Termini voneinander abgrenzen. Dies erscheint notwendig, möchte man die Grenzen des auf den ersten Blick scheinbar unüberschaubaren Forschungsgebiets der Lernstile bzw. deren inhaltlich verwandter wissenschaftlicher Konstrukte einengen, um die im weiteren Verlauf der Arbeit beabsichtigte Fokussierung auf die Bedeutung lernstiltheoretischer Überlegungen für den Fremdsprachenunterricht zu ermöglichen.

Eine solche Notwendigkeit wird umso deutlicher, führt man sich die Kritik zahlreicher Autor/innen vor Augen, zentrale Bezeichnungen würden mitunter „inkonsistent und unscharf" (Grotjahn 1998:11) oder unpräzise (vgl. Cassidy 2004:420) verwendet. Es fällt auf, dass diesbezüglich vor allem die Begriffe *Lernstil* und *Kognitiver Stil* keiner exakten Unterscheidung zugeführt oder aber abwechselnd als dem jeweils anderen Konstrukt über- oder untergeordnet beschrieben werden. Über die Klärung der Beziehung dieser Konzepte hinaus sollen weiterhin die wesentlichen Unterscheidungsmerkmale hinsichtlich *Stil* und *Fähigkeit* herausgearbeitet sowie die Begriffe *Lernstrategie* und *Lerntyp* näher beleuchtet werden. Letzterer wird gerade im deutschsprachigen Raum häufig mit *Lernstil* gleichgesetzt.

2.1 Kognitiver Stil oder Lernstil?

Das Wort *Stil* beschreibt in verschiedensten Zusammenhängen eine durchgängige Verhaltensweise oder Erscheinungsform, die für ein Individuum oder eine Gruppe charakteristisch ist. Ein Stil kann i. d. S. beobachtbar sein, z. B. in Form eines Bekleidungsstils oder eines Bewegungsstils. Die an dieser Stelle behandelten Stile hingegen entziehen sich einer unmittelbaren Beobachtungsmöglichkeit, da sie sich überwiegend aus mentalen Prozessen speisen:

> „When viewed from a phenomenological perspective, stylistic characteristics reveal themselves to be surface indicators of two deep levels of the human mind: whole systems of thought, and peculiar qualities of the mind which an individual uses to establish links with reality." (Gregorc 1984:51)

Die Erforschung kognitiver Stile wurde von dem amerikanischen Psychologen Witkin ab etwa 1950 initiiert. Auf ihn geht das Konzept der Feldabhängigkeit/Feldunabhängigkeit zurück, das bis heute Bestandteil einzelner (kognitionsorientierter) Lernstilkonzepte ist und später als eigenständige Stildimension einer genaueren Betrachtung unterzogen wird. Die Arbeiten Witkins (in Zusammenarbeit mit Asch und Goodenough) befassen sich mit den „typischen bzw. habituellen Verfahren bei der Wahrnehmung und bei allen anderen intellektuellen Tätigkeiten (Problemlösen, Denken, Erinnern, Beurteilen)." (Schulz-Wendler 2001:11). Es handelt sich hierbei also um ein vergleichsweise weites Forschungsfeld, was nicht weiter verwundert, wenn man berücksichtigt, dass sich ein auf die menschliche Kognition bezogenes Stilkonzept zwangsläufig auf mehrere parallel verlaufende oder hintereinander geschaltete mentale Prozesse beziehen muss, zumal von einem Stil erst dann gesprochen werden kann, wenn dieser übersituativ und zeitlich überdauernd zum Ausdruck kommt:

> „Because what is at issue is the characteristic approach the person brings with him to a wide range of situations-we called it his 'style' - and because the approach encompasses both his perceptual and intellectual activities - we spoke of it as his 'cognitive' style'."
> (Witkin 1977:10)

Legt man die oben genannten intellektuellen Tätigkeiten zugrunde, so kommt man zu dem vorläufigen Schluss, dass Lernprozesse und deren gewohnheitsmäßige Anwendung i. S. eines spezifischen Lernstils dem Konzept des kognitiven Stils unterzuordnen sind. Man halte sich nur das Beispiel vor Augen, in dem eine Schülerin im Rahmen eines Vokabeltests einzelne Wörter abruft (sich also erinnert), welche sie sich zuvor eingeprägt hat. Ungeachtet der Frage, in welcher Form diese Wörter in ihrem Gedächtnis repräsentiert sind und auf welche Weise sie darauf zugreift (hiermit werden wir uns später befassen), fällt der Vorgang des Erinnerns in den Zuständigkeitsbereich kognitiver Prozesse und somit der Erforschung kognitiver Stile.

Das vorstehende Zitat von Witkin enthüllt jedoch den eigentlichen Grund, der die Unterscheidung zwischen verschiedenen Stilbegriffen sowie eindeutige Kategorisierungen unterschiedlicher Lernstilkonzepte erschwert: Wo fängt Lernen, d. h. die Verarbeitung und Speicherung neuer Informationen überhaupt an? Etwa schon bei der Wahrnehmung bzw. Aufnahme distaler Reize[2]? Oder erst mit dem Einsetzen mentaler Verarbeitungsprozesse? Witkin gründet seine Begriffsprägung *kognitiver Stil* auf dem Postulat, dass er hiermit sowohl wahrnehmende als auch intellektuelle Aktivitäten erfasse. Beschreibt der Begriff der Kognition aber nicht ausschließlich die geistigen Verarbeitungsprozesse der zuvor in einem ersten, unabhängigen Schritt wahrgenommenen Reize, die erst hierdurch zu bedeutungsrelevanten Informationen werden? Sicherlich, auf diese Frage gibt es wohl nahezu so viele Antworten wie wissenschaftliche Disziplinen, die sich mit ihr befassen. Sie soll hier auch lediglich verdeutlichen, dass eine Einordnung der Begriffe kognitiver Stil und Lernstil insbesondere vom Auge des Betrachters bzw. der jeweils gewählten Perspektive der Forscher/innen abhängt.

Richtet ein entsprechendes Lernstilkonzept seine Aufmerksamkeit ausschließlich auf die kognitiven Prozesse des Lernens (d. h. Vorgänge der Wahrnehmung und Verarbeitung von Informationen), so ist das Verhältnis von Lernstil zu kognitivem Stil eindeutig, da Lernstile in diesem Fall nur einen Ausschnitt der Kognitionsforschung darstellen und somit *kognitive Lernstile* erfassen:

```
┌─────────────────────┐
│ KOGNITIVE STILE     │
│ ┌─────────────┐     │
│ │ Kognitive   │     │
│ │ Lernstile   │     │
│ └─────────────┘     │
└─────────────────────┘
```

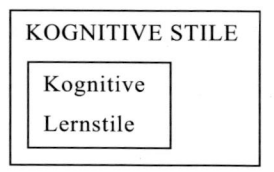

Abb.1: Referenzbereiche der Termini *kognitiver Lernstil* und *kognitiver Stil* (Schulz-Wendler 2001:12)

Es bleibt festzuhalten, dass die Forschungsarbeit hinsichtlich kognitiver Stile weiter zurückreicht und Lerngewohnheiten bestenfalls als Fragment der allgemeinen Kognitionsforschung thematisiert wurden.

---

[2] Der Begriff *distaler Reiz* wurde von dem Natur-Philosophen Gustav Theodor Fechner geprägt und „beschreibt in der Psychologie ein Objekt, von dem eine physikalisch messbare Größe (Gewicht, Licht, Wärme, Geruch, etc.) ausgeht, welche mit Hilfe der Sinne aufgenommen und in der Wahrnehmung verarbeitet werden kann." (Def. nach Life Science Lexicon, Knecht 2007).

Etwa um 1970 wird die Lernstilforschung mit der Veröffentlichung erster Lernstilmodelle allmählich zu einem eigenständigen Wissenschaftsgebiet, das sich nicht mehr ausschließlich auf die kognitiven Anteile des Lernens konzentriert, sondern zunehmend auch sozio-affektive und/oder perzeptuelle Faktoren berücksichtigt. Schulz-Wendler (2001:10) benennt diesbezüglich mit Bezug auf Haller (1986) Einflüsse der ATI-Forschung[3] bzw. ein von Fischer und Fischer (1968) veröffentlichtes Lerntypenkonzept als treibende Kräfte. Dunn bezeichnet die von Kolb (1971) sowie Dunn und Dunn (1972) veröffentlichten Lernstilmodelle als wegweisend für zahlreiche weitere Veröffentlichungen der nachfolgenden Jahre: „In some ways those models differed, but their many strands revealed essential similarities and were mutually supportive […]." (Dunn 1984:11).

Die Beschäftigung mit einer Vielzahl von Einflussgrößen auf das menschliche Lernen hat zur Folge, dass das Konstrukt des Lernstils nun nicht mehr nur im Kontext kognitiver Prozesse zu bestimmen ist, im Gegenteil: Lernmuster auf kognitiver Ebene sind aus dieser Perspektive wiederum nur ein Untersuchungsgegenstand unter vielen (z. B. sozialer Stil, perzeptueller Stil). Somit ist der Begriff Lernstil in diesem Zusammenhang dem kognitiven Stil übergeordnet: „It is also likely that cognitive style – at the very least – can be regarded as one significant component of learning style." (Cassidy 2004:421).

Im weiteren Verlauf der vorliegenden Arbeit, insbesondere im Besprechungsteil der für den Fremdsprachenunterricht interessanten Lernstilkonzepte, wird der Begriff Lernstil prinzipiell i. S. des weiten, kognitionsübergreifenden Konstruktverständnisses verwendet. Auf eventuelle Einschränkungen einzelner Modelle wird somit an gegebener Stelle explizit verwiesen.

2.2   Lernstrategien

Beschäftigt man sich mit der Lernstilforschung als „Neuling", so fällt auf, dass zahlreiche Autor/innen dem Begriff der *Lernstrategie* entweder eine be-

---

[3] Das ATI-Konzept (*Aptitude-Treatment Interaction*) postuliert einen direkten Zusammenhang zwischen Lehrmethode (Treatment) und Neigung bzw. Befähigung (Aptitude) eines Lerners. Entsprechend seien optimale Lernergebnisse nur mittels einer auf die spezifischen Voraussetzungen des Lerners ausgerichteten Methode zu erreichen. (vgl. Cronbach & Snow, 1977).

sondere Aufmerksamkeit schenken oder aber ganze Aufsätze dem Zusammenhang zwischen Lernstilen und Lernstrategien widmen[4]. Während man den Strategiegebrauch von Lerner/innen auch losgelöst von der vermeintlichen Bestimmung von Lernstilen betrachten kann (tatsächlich ist die reine Lernstrategieforschung vergleichsweise aktiver), ergibt sich in entgegengesetzter Richtung ein anderes Bild: Das abstrakte Gebilde der Lernstile ist forschungspraktisch nur über den Weg der Lernstrategien greifbar:

> „Sind die Strategien Ausdruck des individuellen Lernstils, so bedeutet das vice versa, dass der Stil ausschließlich über solche habituell und mit großer Beständigkeit verwendeten Strategien ermittelt werden kann." (Schulz-Wendler 2001:8)

Entsprechend wird sich im Rahmen einer späteren Betrachtung ausgewählter Erhebungsinstrumente auch zeigen, dass die Bestimmung eines Lernstils vornehmlich mittels einer Bündelung der für die jeweilige Stildimension charakteristischen Lernstrategien erfolgt.

Nähern wir uns dem Wort Strategie aus allgemeinerer Perspektive, so stoßen wir mit Schmeck (1988:5ff) auf einen militärischen Ursprung. Ein strategisches Verhalten impliziert schon in diesem Zusammenhang eine vorausschauende Planung zum Zwecke der Lösung einer Aufgabe bzw. eines Problems. Eine Lernstrategie ist per se also noch keine abgeschlossene Lernhandlung, gibt jedoch Aufschluss über die Herangehensweise von Lerner/innen an eine entsprechende Aufgabenstellung. Diese Herangehensweise (*approach*) ist das Ergebnis der Beziehung zwischen Mensch und Umwelt in einer jeweils spezifischen Situation. Schmeck benutzt diesbezüglich die Allegorie einer chemischen Reaktion. Berücksichtigt man die potenzielle Vielfältigkeit einer solchen Lernsituation, sowohl in personaler (z. B. Einstellung des Lerners zum Lerngegenstand, Motivation, körperliches Befinden) als auch in situativer (z. B. Lerngruppe, Temperatur, Laune der Lehrkraft) Hinsicht, so kann man erahnen, wie schwierig es sein kann beständige Verhaltensmuster von Lerner/innen i. S. eines übersituativ erkennbaren Lernstils zu erfassen. Ein zusätzliches Problem ergibt sich für die Forschung mit der Tatsache, dass Lernstrategien im Gegensatz zu Lernstilen zwar „bewusst oder zumindest bewusst-

---

[4] vgl. z. B. Pask (1976) oder Oxford & Ehrman (1990).

seinsfähig[,] [...] als mentale Handlungen – ebenso wie Lernstile - [jedoch; d. Verf.] nicht direkt beobachtbar" sind (Grotjahn 1998:11). Mit anderen Worten: Nur die Lerner/innen selbst sind in gewisser Hinsicht Zeuge ihres eigenen strategischen Verhaltens, wohingegen Untersucher/innen nur der Rückgriff auf die subjektive Darstellung eben jener Gedanken bleibt, beispielsweise in Form des *Lauten Denkens* oder eines *Lernertagebuchs*. Dementsprechend sehen auch die meisten Erhebungsinstrumente entsprechender Lernstilkonzepte den Einsatz von Fragebögen zur Selbsteinschätzung vor.

Zum Zwecke eines tiefer gehenden Verständnisses hinsichtlich der wechselwirksamen Beziehung zwischen Lernstilen und Lernstrategien betrachten wir nun einen Definitionsversuch von Oxford und Nyikos (1989:291): „Learning strategies are operations used by learners to aid the acquisition, storage, and retrieval of information." Bedeutungsvoll ist hier der Hinweis, dass Lernstrategien die Aneignung, Speicherung sowie das Abrufen von Informationen *fördern*, man könnte auch sagen *unterstützen*. Die Wahl der unterstützenden Maßnahme ist dabei stets individuell verschieden, kann sich aber im Laufe der Zeit bzw. im Zusammenhang anderer, ggf. sehr verschiedener Aufgaben als Stil etablieren, sollte die Wahl immer wieder auf die selbe Strategie bzw. eine Klasse ähnlicher Strategien fallen. Eine Lernstrategie entsteht dabei entweder unbewusst, i. S. einer bloßen Ausrichtung an den jeweiligen Tätigkeitsbedingungen, oder als bewusste Orientierung bezüglich spezifischer Ziele und Aufgaben (vgl. Lompscher 1996). Es ist anzunehmen, dass bestimmte Strategien im Zusammenhang mit einer entsprechenden Aufgabe überlegen sind; eine Vermutung, die eine wichtige Interpretationsgrundlage für unterschiedliche Lernerfolge bietet. Verschiedene Lernstrategien haben also u. U. ungleiche Wirkungsgrade hinsichtlich ihres unterstützenden Einflusses. Das Wissen um diese Erkenntnis ist insofern wertvoll, als dass sich hier ein weiterer Schnittpunkt lernrelevanter Themen aufzeigt, nämlich die Beziehung zwischen Lernerfolg und Intelligenz[5].

---

[5] eine ausführliche Diskussion hierzu ist Inhalt des Kap. 2.4.

Zur Veranschaulichung einer möglichen strategischen Überlegenheit soll folgendes Beispiel dienen: Zwei Bauern wird die Aufgabe gestellt, ihre jeweils fünf Hektar große Wiese in möglichst kurzer Zeit zu mähen. Dabei sind die äußeren Umstände für beide Landwirte identisch, beispielsweise zur Verfügung stehendes Werkzeug, Witterungsbedingungen etc. Bauer A plant seine Wiese traditionell mit einer Sense zu bearbeiten. Bauer B hingegen tankt schon einmal seinen Aufsitzrasenmäher voll. Man darf wohl davon ausgehen, dass Bauer B unter normalen Umständen seine Wiese schneller mähen wird und diese Prognose wahrscheinlich auch dann Bestand hat, wenn die Aufgabe zu einem anderen Zeitpunkt oder unter anderen Umgebungsbedingungen (z. B Temperatur, Tageszeit o. ä.), also übersituativ, gestellt wird. Die eine Strategie ist der anderen folglich prinzipiell überlegen. Man könnte in diesem Zusammenhang auch von einer *domänenspezifischen*[6] Strategie sprechen.

Demgegenüber schließen die meisten Lernstilmodelle eine generelle Überlegenheit eines bestimmten Stils aus, mit der Begründung, dass bezüglich eines jeden Lernstils ein Aufgabenarrangement denkbar sei, das die vermeintliche Überlegenheit zugunsten einer ggf. sogar konträren Stildimension aufhebe. Vorstellbar ist in diesem Zusammenhang z. B. eine mathematische Aufgabe, deren Lösung ein analytisches Vorgehen nahe legt. Werden jedoch die Umgebungsbedingungen von der Lehrkraft verändert, z. B. aus einer Einzel- wird eine Gruppenaufgabe, so erscheint die Stildimension *Extraversion*[7] zur Initiierung und Erhaltung kommunikativer Prozesse in der Lernergruppe von Nutzen.

Wir stoßen an dieser Stelle auf ein zentrales Kategorisierungsproblem der vorliegenden Lernstilkonzepte: Wie viele Stildimensionen kann und sollte ein entsprechendes Modell überhaupt erfassen um Aussagekraft zu erlangen? Einerseits steigt mit der Anzahl der untersuchten Rubriken (z. B. ganzheitlich vs. sequentiell, introvertiert vs. extrovertiert) die Zahl möglicher Lernstilkombinationen, andererseits bleibt zu hinterfragen, inwieweit solche weiten Konzepte einen Stil i. S. zeitlich überdauernder Lerngewohnheiten überhaupt

---

[6] die Strategie ist also für einen sehr kleinen Einsatzbereich besonders effizient, kann aber ggf. zu Vereinseitigung und im weiteren Verlauf zu Unflexibilität im Strategiegebrauch führen.
[7] Beispielhafte Stildimension nach Myers-Briggs (1962).

valide dokumentieren können, insbesondere vor dem Hintergrund der o. g. Vielzahl personaler und situativer Einflussfaktoren.

Bis hierhin soll jedoch zunächst festgehalten werden, dass Lernstile nicht direkt, sondern lediglich indirekt, nämlich über die verwendeten Lernstrategien bestimmt werden können. Es folgt daraus, dass Lernstile auch nur über den Weg der Lernstrategien beeinflusst oder gar verändert werden können. Ist Lerner/innen jedoch erst einmal ein bestimmter Stil innewohnend, so zeigt sich einmal mehr die gegenseitige Abhängigkeit von Lernstilen und Lernstrategien:

> „Die Bereitschaft eines Lernenden, sich auf die Anwendung bestimmter Lernstrategien einzulassen, hängt also auch mit seinem jeweiligen Lernstil zusammen, der ihn stark prägt und seine Entscheidungen für bestimmte Lernwege mit beeinflußt." (Häuptle-Barceló 1995:58f)

2.3 Lern(er)typen

Im Rahmen einer Arbeit, die sich mit dem mittlerweile weiten Forschungsfeld der Lernstile beschäftigt, kommt man nicht umhin, die vielerorts synonym oder diffus verwendeten Begriffe *Lerntyp* bzw. *Lernertyp* aufzugreifen. Es wurde bereits ausgeführt, dass die Wurzeln der Lernstilforschung auf ein von Kolb (1971) veröffentlichtes Modell, das *Learning Style Inventory (LSI)*, zurückgehen. Er prägte den Terminus des Lernstils, der sich daraufhin im Zusammenhang mit der - überwiegend US-amerikanischen - Forschungsarbeit durchsetzte und noch bis heute durchgängige Verwendung findet. Der Begriff *Lerntyp* hingegen (welcher korrekterweise - d. h. in Analogie zu *learning style* - mit *learning type* übersetzt werden müsste) existiert in der englischsprachigen Literatur nicht. Bisweilen stößt man auf *Lernertyp*[8] (*learner type*), wobei es sich hierbei nicht etwa um eine bedeutungsgleiche Verwendung mit dem Wort *Lernstil* oder gar ein konkurrierendes Konzept handelt. Vielmehr stellt Lernertyp hier die Personifizierung eines bestimmten Lernstils dar. Dementsprechend kann man einem Lerner X also entweder einen spezifischen Lernstil zuschreiben („Lerner X hat einen konkret-sequentiellen Lernstil.") oder man

---

[8] Im Zusammenhang mit Kolbs LSI wird diesbezüglich der Begriff Learning Style Type verwendet (Cromwell & Manfredo; zit. nach Schulz-Wendler 2001:111).

ordnet die Person selbst einem Typus zu („Lerner X ist ein abstrakt-willkürlicher[9] Lernertyp.").

Eingangs wurde schon auf den im deutschsprachigen Raum mitunter verwirrenden Gebrauch des Begriffspaares Lernstil/Lerntyp aufmerksam gemacht. Eine eingehende Recherche macht dem Interessierten schnell deutlich, dass es sich hierbei abermals um verschiedene Perspektiven handelt: Die Arbeiten Kolbs u. a. sind im Forschungsbereich der Lernpsychologie anzusiedeln, wohingegen der Begriff Lerntyp der Didaktik, und hier im speziellen dem deutschen Biochemiker Frederic Vester, zuzuordnen ist. Er formulierte mit seinem Buch *Denken, Lernen, Vergessen* (1975) ein Lerntypenkonzept, das mit der Einteilung in visuelle, auditive und haptische Lerner/innen vorwiegend die Wahrnehmungskanäle in den Mittelpunkt stellte. Ein vierter, vorzugsweise kognitiv vorgehender Lerner komplettiert sein Modell, das ihm in populärwissenschaftlicher Hinsicht große Erfolge bescherte, sowohl auf Lerner- als auch auf Lehrerseite in verschiedensten Bildungsbereichen regen Anklang fand und maßgeblich der Lerntypentheorie nahe stehende pädagogische Bewegungen wie z. B. *Lernen mit allen Sinnen, Ganzheitliches Lernen* oder *Handlungsorientiertes Lernen* prägte (vgl. Looß 2001).

Insbesondere die Tatsache, dass Vester sich nicht ausschließlich auf die Wahrnehmungsprozesse des Lernens beschränkt oder aber konsequenterweise jedem Wahrnehmungskanal entsprechende Verarbeitungsprozesse beiordnet, brachte ihm aus lern*stil*theoretischer Sicht vernichtende Kritik ein:

> „Durch *diese* Einteilung der Lerntypen negiert Vester die intellektuelle Leistung bei den Typen 1 bis 3 und behält sie stattdessen ausschließlich dem Lerntyp 4 vor. Vester setzt andererseits die Wahrnehmung eines Phänomens eins mit der Abstraktionsleistung zur Erklärung dieses Phänomens, d.h. wahrnehmen = lernen bzw. verstehen." (Looß 2001:2; vgl. auch Looß 2003)

Vor dem Hintergrund dieser hier vorgestellten, weitgehend voneinander unabhängigen Entwicklungen der Kozeptualisierungen Lernstil einerseits (Lernpsychologie, viele konkurrierende Modelle, Forschung größtenteils im englischsprachigen Raum) und Lerntyp andererseits (Didaktik, Theorie nach Vester, wissenschaftliche Legitimation äußerst fragwürdig), erscheint es sinnvoll,

---

[9] Beispielhafte Lernstile nach Gregorc (1982).

sich auf eine Terminologie festzulegen. Entsprechend wird sich der Autor im weiteren Verlauf auf die Verwendung der Begriffe *Lernstil* bzw. *Lernertyp* (i. o. g. S.) beschränken.

2.4 Stile in Abgrenzung zu Fähigkeiten

Nachdem die vorangegangenen Abschnitte den Begriff des (Lern-)Stils schärfer umrissen und gegenüber anderem, mehr oder minder direkt zu ihm in Beziehung stehendem Vokabular abgegrenzt haben, soll abschließend noch auf das ebenfalls nicht eindeutige Verhältnis zu *(kognitiven) Fähigkeiten* eingegangen werden.

Es wurde bereits darauf hingewiesen, dass die Mehrheit der als einflussreich zu betrachtenden Lernstilkonzepte keine prinzipielle Überlegenheit eines bestimmten Stils unterstellt. Dem zugrunde liegt die Konzeption bipolar ausgerichteter Stildimensionen, die jedoch ausdrücklich keine rigorose Dichotomie i. S. lediglich zweier möglicher Ausprägungen vorsieht, sondern vielmehr ein Stilkontinuum, dessen Extremwerte ein Maximum entsprechender Merkmalszugehörigkeit darstellen. Demgegenüber stehen potenziell unendlich viele verschiedene Ausprägungen des jeweiligen Kriteriums innerhalb dieses Kontinuums, wobei dessen Mitte die Ausprägung markiert, die eine optimale Performanz hinsichtlich zu wählender Strategien beider Merkmale zulässt. Je weiter also die Stilausprägung am Rand des Kontinuums angesiedelt ist, desto einseitiger der Strategiegebrauch des Lerners/der Lernerin im Bezug auf das entsprechende Merkmal:

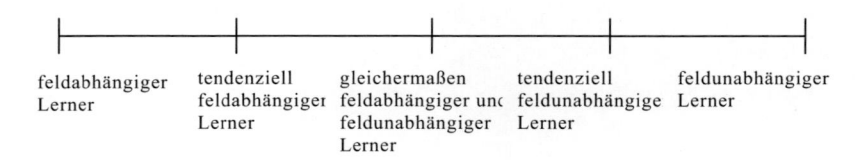

|—————————|—————————|—————————|—————————|

| feldabhängiger Lerner | tendenziell feldabhängiger Lerner | gleichermaßen feldabhängiger und feldunabhängiger Lerner | tendenziell feldunabhängige Lerner | feldunabhängiger Lerner |

Abb.2: Stilkontinuum am Beispiel der Feldabhängigkeit/Feldunabhängigkeit (eigene Darstellung)

Ist ein Lerner zu situativ flexibler Strategieverwendung in der Lage, so wird in Anlehnung an Witkin und Goodenough (1981) oft von einem *beweglichen (mobile)* Lerner gesprochen. Diesen Sachverhalt umschreibt Pask (1988) mit dem Begriff *vielseitig (versatile)*. Vor diesem Hintergrund könnte man zunächst annehmen, dass ein situationsadäquater Strategiegebrauch dem einseitigen generell überlegen sei, schließlich ist der flexible Lerner dem auf eine Ausprägung scheinbar festgelegten Lerner in dessen Domäne ggf. ebenbürtig, verfügt jedoch zusätzlich über erfolgsversprechende Strategien hinsichtlich des anderen Extrems. Dem hält Schulz-Wendler (2001:15) zunächst die Tatsache entgegen, dass in manchen Tätigkeitsfeldern die Lernstile überdurchschnittlich vertreten seien, die zur Ausführung der Tätigkeit besonders günstig erscheinen. Es liege nahe, dass kognitive Einseitigkeit in solchen Fällen zur Optimierung bzw. Automatisierung spezifischer Strategien führe, die den Arbeitsweisen vielseitiger Lerner im selben Kontext letztlich überlegen seien. Entscheidender ist in diesem Zusammenhang jedoch das grundsätzliche Verständnis der Lernstilforschung als Wissenschaftsgebiet, das sich dem *Wie* des Lernens widmet und eine Bewertung der entsprechenden Lernstile bewusst weitgehend ausklammert. Während davon ausgegangen wird, dass jeder Lerngegenstand für einen bestimmten Lernstil zugänglich gemacht werden kann - beispielsweise in Form einer entsprechenden Aufbereitung des Unterrichtsmaterials - gilt bezüglich der (kognitiven) Fähigkeiten von Lerner/innen, dass sie maßgeblich den Lernerfolg mitbestimmen: „Indeed, there are many studies showing that general knowledge and skills make a significant difference in learning." (Melis 2004:4). Die Abwesenheit bestimmter Fähigkeiten kann nicht durch den Rückgriff auf andere Fähigkeiten kompensiert werden: Wenn eine Person nicht schreiben kann, dann ist die Bewältigung bestimmter Aufgaben schlicht unmöglich, d. h. schreiben können ist immer *besser* als nicht schreiben können. Hingegen muss es keinen zwangsläufigen Qualitätsunterschied zwischen Aufsätzen geben, die aus der Feder zweier unterschiedlicher Lernertypen stammen.

Diese auf den ersten Blick leicht nachvollziehbare Unterscheidung zwischen Stil und Fähigkeit ist allerdings nicht auf alle Lernstilkonzepte anwendbar. So verbinden u. a. Schmeck, Witkin und Pask mit ihren Vorstellungen von vielseitigen Lerner/innen höhere Lernerfolgsraten und damit einhergehend eine lernstilbedingte prinzipielle Überlegenheit. Demzufolge ist der flexible Strategiegebrauch das Ergebnis größerer kognitiver Fähigkeiten. Führt man diesen Gedankengang weiter, werden anpassungsfähige Lerner/innen schlussendlich immer im Vorteil sein, weil sie ihr Strategierepertoire ständig erweitern. Einseitige Lerner/innen indessen verharren infolge fehlender anpassungsfördernder Fähigkeiten in ihrer Einseitigkeit (vgl. Schulz-Wendler 2001:15).

An dieser Stelle zeigt sich erneut, dass Lernstile nicht isoliert von anderen lernrelevanten Faktoren betrachtet werden können, sondern deren Einflüsse stets berücksichtigt werden müssen. Schließlich sei jedoch noch einmal erwähnt, dass sich das primäre Interesse der Lernstilforschung (und somit dieser Arbeit) um die verschiedenen Wege des Lernens dreht und nicht um die Einteilung derer in gut und schlecht.

3 Stand der Lernstilforschung und ausgewählte Vertreter einflussreicher Konzepte sowie deren Relevanz für die Fremdsprachenforschung

Der vorangegangene Abschnitt diente einem ersten Einblick in zentrale Begriffe der Lernstilforschung sowie deren Interdependenzen. Dabei wurde weitgehend darauf verzichtet, spezifische Lernstilmodelle und deren Vertreter zu benennen, um zunächst ein Basisverständnis für konzeptübergreifende Grundgedanken zu ermöglichen. Vereinzelt wurde schon auf divergierende Schwerpunkte innerhalb der Lernstilforschung eingegangen, zudem wurden ausgewählte Stildimensionen beispielhaft erwähnt, um bestimmte Sachverhalte anschaulicher darstellen zu können.

Ausgehend von diesem allgemeinen Begriffsverständnis wird das folgende Kapitel nun einer Systematisierung von Lernstilkonzepten verschiedenster Richtungen dienen, eine Maßnahme, die vor dem Hintergrund einer Vielzahl der mit dem Lernstilbegriff beschäftigten Publikationen unumgänglich ist:

> „Learning style is a complex construct involving the interaction of numerous elements; thus, at the outset, the experimenter is faced with the difficult task of having to decide which dimensions of learning style to elucidate and which interactions might be meaningful, in a practical sense, in understanding their contribution to achievement." (Corbett & Smith 1984:212)

Es wird sich herausstellen, dass die unterschiedlichen Ansätze zu *Konzeptfamilien* zusammengefasst werden können, deren Mitglieder einen jeweils ähnlichen inhaltlichen Brennpunkt aufweisen. Entsprechend werden exemplarisch Repräsentanten der jeweiligen Gruppe im Detail dargestellt, die bezüglich ihrer konzeptuellen Adaption für die Fremdsprachenforschung wichtige Grundlagen geschaffen haben.

Zum Zwecke einer möglichst einheitlichen Darstellung werden alle Modelle in Bezug auf ihr inhaltliches Interesse, die fokussierten Stildimensionen sowie deren Instrumentalisierung und ihre wissenschaftliche Fundiertheit betrachtet. Der allgemeinen Darstellung folgend werden die das Modell konstituierenden Stilvariablen daraufhin überprüft, inwieweit sie im Zusammenhang mit stilbezogener Fremdsprachenforschung aufgegriffen wurden und ob deren inhaltliche Übertragung auf das spezifische Feld des Fremdsprachenlernens ggf. durch empirische Studien verifiziert werden konnte.

Es soll schon an dieser Stelle darauf hingewiesen werden, dass die Fremdsprachenforschung bisher keinen konzeptuell neuartigen Beitrag zur Lernstilforschung geleistet hat, sondern sich darauf beschränkt, vorzugsweise der Lernpsychologie entlehnte Konzepte auf fremd- und zweitsprachenspezifische[10] Lernsituationen anzuwenden, insbesondere hinsichtlich der Entwicklung von Erhebungsinstrumentarien. In einem weiteren Schritt wird das Sortiment beispielhafter Stildimensionen noch einmal hinsichtlich inhaltlicher Überschneidungen geprüft, um abschließend einen für die Betrachtung unterrichtspraktischer Konsequenzen geeigneten Katalog fremdsprachenrelevanter Stilkategorien formulieren zu können.

3.1 Lernstile – Versuch einer Kategorisierung

Das seit seinen Ursprüngen Anfang der 1970er[11] Jahre zunehmend unübersichtlicher werdende Forschungsgebiet der Lernstile hat v. a. im letzten Jahrzehnt zahlreiche Autor/innen[12] dazu veranlasst, die verschiedenartigen Konzepte mit ihren jeweiligen Kernpunkten zu erfassen, um sie einer systematischen Übersicht zuzuführen. Kein leichtes Unterfangen, bedenkt man die Komplexität vieler Modelle, die bis zu 32 Stildimensionen thematisieren (vgl. Keefe 1987). Die verschiedenen Teilbereiche der Lernstilforschung, die gleichzeitig das Augenmerk einzelner Konzepte charakterisieren, lassen sich zum Zwecke eines groben Überblicks am anschaulichsten mit Hilfe eines auf Curry (1983, 1987) zurück gehenden Modells darstellen: Er benutzt die Metapher einer Zwiebel, um die schichtenähnliche Anordnung vierer Bereiche abzubilden, die der Erfassung von Lernverhalten zugrunde gelegt werden können:

---

[10] Zur terminologischen Abgrenzung zwischen Fremd- und Zweitsprache vgl. z. B. Brown (1987).
[11] vgl. hierzu Kap. 2.1.

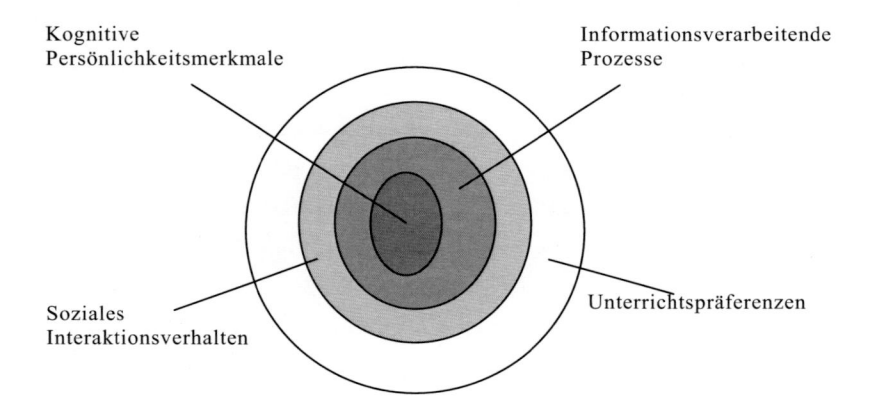

Abb.3: Currys Zwiebelmodell (eigene Darstellung nach Curry 1987)

Betrachtet man Currys Modell von innen nach außen, so erkennt man zunächst den Kern, der kognitive Persönlichkeitsmerkmale repräsentiert. Er wird als relativ stabil und entsprechend wenig beeinflussbar angesehen. Das Modell sieht eine Abnahme der Stabilität sowie eine damit einhergehende Zunahme der Einwirkung äußerer Faktoren von innen nach außen vor. Die zweite Schicht erfasst Vorlieben bezüglich informationsverarbeitender Prozesse und kennzeichnet damit jenen Teilbereich, dem sich die meisten Lernstilkonzepte widmen. Eine dritte Schicht berücksichtigt das soziale Interaktionsverhalten von Lernern, sie wurde dem Modell erst nachträglich hinzugefügt. Schließlich bildet die Außenschicht Unterrichtspräferenzen i. S. bevorzugter Lehrmethoden, Lernumgebungen etc. ab (vgl. Cassidy 2004:4ff).

Auch wenn dieses Modell zumindest andeutungsweise die Interessensbereiche der für die Erhebung von Lerngewohnheiten bedeutsamen Faktoren einbezieht, lässt insbesondere der Kern für Coffield et al. (2004:9) einige Fragen offen:

---

[12] vgl. exemplarisch Riding & Rayner 1997; Cassidy 2004.

"Yet, however attractive the onion metaphor may be, it is far from clear what lies at the centre. Conceptions of cognitive style relate to particular sets of theoretical assumptions, some of them psychoanalytic in origin. Ideas about stability are influenced more by theoretical concerns than by empirical evidence."

Die Frage nach der Stabilität lernstilprägender Merkmale bildet den Ausgangspunkt einer von Coffield et al. (2004) angestrengten Überblicksarbeit, die die untersuchten Stildimensionen gängiger Lernstilkonzepte bezüglich ihrer konstitutionellen, relativ starren Fundierung einerseits bzw. ihrer Flexibilität und Veränderbarkeit andererseits einzuordnen versucht. Dabei greifen die Autor/innen auf frühere Klassifizierungsversuche[13] zurück und erweitern diese unter o. g. Gesichtspunkten zu einem Kontinuum, das sich über fünf sog. *Familien* erstreckt:

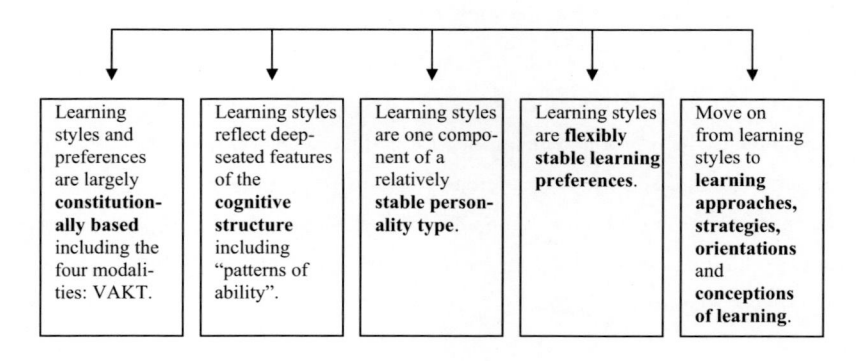

Learning styles and preferences are largely **constitutionally based** including the four modalities: VAKT.	Learning styles reflect deep-seated features of the **cognitive structure** including "patterns of ability".	Learning styles are one component of a relatively **stable personality type**.	Learning styles are **flexibly stable learning preferences**.	Move on from learning styles to **learning approaches, strategies, orientations and conceptions of learning**.

Abb.3: Lernstilfamilien[14] (Coffield et al. 2004:10)

Auch dieses Modell kann selbstverständlich nicht das weite Feld der Lernstile in seiner Gesamtheit erfassen, die Einteilung in Konzeptfamilien verleitet mitunter zu der Annahme, dass die jeweiligen Lernstilkonstrukte deutlich voneinander abzugrenzen seien, obwohl sie sich tatsächlich nur in Nuancen unterscheiden. Der übergreifende Ansatz, über fünfzig einflussreiche Konzep-

---

[13] Coffield et al. beziehen sich u. a. auf Curry (1991), Entwistle (2002) Claxton & Ralston (1978), De Bello (1990) und Riding & Cheema (1991).
[14] Das Akronym VAKT bezieht sich auf die Wahrnehmungsmodi **V**isuell, **A**uditiv, **K**inästhetisch und **T**aktil.

te hinsichtlich der (vermuteten) Stilstabilität einzuordnen, ist jedoch m. E. das vorläufig umfassendste und gelungenste Unternehmen einer Systematisierung und soll im weiteren Verlauf dieses Abschnitts als klassifikatorischer Referenzpunkt dienen.

3.2 Ausgewählte Vertreter einflussreicher Lernstilkonzepte

Im Folgenden werden einflussreiche Konzepte jeder Familie umfassender beleuchtet. Die Auswahl der jeweiligen Vertreter erfolgt dabei insbesondere vor dem Hintergrund ihrer Relevanz für den Fremdsprachenunterricht. Eine kurze Darstellung der zentralen Merkmale entsprechender Konzeptfamilien wird der Besprechung betreffender Stildimensionen voran gestellt.

3.2.1 Lernstile sind weitestgehend genetisch bedingte, schwer beeinflussbare Persönlichkeitsmerkmale

Die Befürworter dieser Position gründen ihre Argumentation meist auf der Annahme, dass die Persönlichkeit eines Individuums größtenteils biologisch bestimmt ist. Im Zusammenhang mit Lernsituationen werden dabei v. a. eine angeborene und somit unveränderbare Dominanz bestimmter Wahrnehmungsarten und die Bevorzugung einer der beiden Gehirnhälften thematisiert: „It appears that dispositions for interacting with the world in specific ways are inborn." (Gregorc 1984:52)

3.2.1.1 Gregorc

Die Arbeiten Gregorcs drehen sich um zwei Stildimensionen, die die Wahrnehmung neuer Informationen einerseits sowie die Verarbeitung derer andererseits erfassen sollen. Erstere wird dabei mittels eines Kontinuums dargestellt, dessen Begrenzungen die *Abstraktheit (abstractness)* bzw. die hierzu gegensätzliche *Konkretheit (concreteness)* bei der Informationsaufnahme bilden. Z. B. wiesen Lerner/innen, die Dinge vorwiegend dichotom wahrnehmen (z. B. richtig/falsch, gut/schlecht), einen hohen Grad an Konkretheit auf. Je variierender Lerner/innen einen Sachverhalt bewerteten (z. B. *bedingt richtig*), desto abstrakter sei ihr Wahrnehmungsverhalten.

Die Art und Weise, in der ein Individuum Informationen ordnet und für den späteren Rückgriff systematisiert, beschreibt Gregorc mit dem Begriffspaar *sequenziell (sequential)* und *zufällig (random)*. Entsprechend werden sequenzielle Lerner/innen im Zusammenhang mit einer Vokabelkartei beispielsweise einem alphabetischen Ordnungsprinzip folgen oder aber vielleicht die Wörter nach Wortarten sortieren. Demgegenüber würde ein zufälliges Lernverhalten eine willkürliche Organisation der Vokabeln nahe legen, vermutlich beeinflusst von situativ bestimmten Assoziationen o. ä.

Lokalisiert man nun die Positionen innerhalb der beiden Kontinua, so ergibt sich hieraus einer von vier zweidimensionalen Lernstilen:

1. Konkret-Sequenziell (CS)

    Sachverhalte werden der Reihe nach, geordnet betrachtet. Dieser Lernertyp arbeitet naturgemäß strukturiert und aufgabenorientiert. Er ist in der Lage, (Unter-) Kategorien zu bilden. Infolgedessen werden Probleme vorzugsweise vollständig gelöst, bevor weitere Aufgaben in Angriff genommen werden.

2. Abstrakt-Sequenziell (AS)

    Diese Lernergruppe vertraut auf die Logik ihrer Denkprozesse. Sachverhalte werden rational und logisch angegangen. Darüber hinaus bevorzugen Lerner/innen dieses Stils eine geordnete und mental stimulierende Umgebung.

3. Abstrakt-Zufällig (AR)

    Die Denkprozesse von Vertretern dieses Lernstils sind emotional geprägt. Routine und Ordnung empfinden sie als langweilig. Sie erfreuen sich an einer farbenfrohen, abwechslungsreichen Umgebung.

4. Konkret-Zufällig (CR)

    Lerner/innen dieser Gruppe vertrauen auf ihren Instinkt und ihre Intuition. Sie tendieren zu Erfindungsreichtum, Konkurrenzverhalten und Risikofreude. Manchmal neigen sie dazu, voreilige Schlüsse zu ziehen (vgl. Myers & Dyer 2004:380f).

Zur Ermittlung dieser vier Lernstilvarianten liefert Gregorc den *Style Delineator*, ein schriftliches, 40 Items umfassendes Selbsteinschätzungsinventar, das die Einteilung von Begriffsreihen in eine Rangfolge vorsieht (z. B. „objective,

evaluative, sensitive, intuitive", vgl. Schulz-Wendler 2001:126). Die von den Lerner/innen bestimmten Rangfolgen wiederum werden Punktwerten zugeordnet, welche schließlich einem der vier Stile entsprechen.
Schulz-Wendler (2001:128) berichtet mit Bezug auf O'Brian (1991) sowie Seidel & England (1999) von Untersuchungen mit Studierenden, die eine weitgehende Übereinstimmung mit Gregorcs Lernertypen hervorbrachten. Jonassen und Grabowski (1993) bezweifelten jedoch die Konstruktvalidität des Style Delineator. Zu einem ähnlichen Schluss kommen Coffield et al. (2004:19):

> „However, in view of the serious doubts which exist concerning the reliability and validity of the Gregorc Style Delineator and the unsubstantiated claims made about what it reveals for individuals, its use cannot be recommended."

Diesem Einwand folgend bedienen sich Oxford (1995) und Ehrman (1996) schließlich auch nur des theoretischen Konstrukts und fügen die hier thematisierten Stildimensionen in einen fremdsprachlichen Kontext ein.
Oxford unterscheidet jedoch nicht in Anlehnung an Gregorc zwischen insgesamt vier möglichen Stilkombinationen, sondern legt sich auf zwei Lernertypen fest. Demzufolge sei zwischen intuitiv-zufälligen (*intuitive-random*) sowie konkret-sequenziellen (*concrete-sequential*) Fremdsprachenlerner/innen zu differenzieren; sie verzichtet also auf eine Verwendung des Begriffes *abstrakt*. Schulz-Wendler (vgl. 2001:132f) arbeitet jedoch einen inhaltlichen Bezug zum Persönlichkeitsmodell Myers' und Briggs' (vgl. Kap. 3.2.3) heraus, deren Lesart einer intuitiven Stilausprägung ein abstraktes Wahrnehmungsverhalten einschließe, womit wiederum die Nähe zu Gregorcs Begriffsverständnis gegeben sei. Intuition meine in diesem Zusammenhang in erster Linie die Neigung, den Wert neu erworbener Informationen für die persönliche Lebenswelt erkennen und einordnen zu können.
Intuitiv-zufällige Lerner/innen versuchten, ein mentales Modell aus den fremdsprachlichen Informationen zu konstruieren. Sie wählten vornehmlich einen abstrakten, willkürlichen und ganzheitlichen Zugang, infolgedessen sie ständig nach übergreifenden Prinzipien der zu erlernenden Sprache suchten. Sie hätten kein Problem mit vom eigentlichen Unterrichtsthema abweichenden Diskussionen, sofern diese ihr Interesse weckten. Wenn man einen intuitiv-

zufälligen Lernertyp nach drei Handlungsalternativen frage, sei es wahrscheinlich, dass dieser aufgrund seiner Kreativität und Zukunftsorientiertheit fünfzehn nennen könne. Weiterhin fühlten sich Lerner/innen dieses Stils wohl dabei, fehlende Informationen mittels Raten, Vorhersagen und anderer Kompensationsstrategien zu ersetzen.

Demgegenüber bevorzugten konkret-sequenzielle Lerner/innen Sprachlernmaterialien und -techniken, die eine Kombination aus Hören, Sehen, Bewegung und Fühlen berücksichtigten und in geordneter, linearer Weise bearbeitet werden könnten. Abweichende Diskussionen empfänden sie eher als störend i. S. der Kontinuität des Unterrichts. Konkret-sequenzielle Lernertypen handelten mehr im „Hier und Jetzt" und hielten sich strikt an die Vorgaben der Lehrkraft. Sie vermieden lieber das Kompensieren fehlender Informationen (vgl. Oxford et al. 1992:443).

Die hier beschriebenen Präferenzen werden als Teilbereich *How I Handle Possibilities* des von Oxford entwickelten *Style Analysis Survey* (SAS), einem selbstevaluativen Fragebogen, erhoben. Im Gegensatz zu Gregorc, dessen ursprüngliches Konstrukt auf die Erfassung kognitiver Verhaltensmuster beschränkt sei, vermische Oxford diese mit persönlichkeitsbezogenen Merkmalen und schließe hinsichtlich der verwendeten Items des SAS von fremdsprachenspezifischen auf generelle Lernvorlieben (vgl. Schulz-Wendler 2001:132).

Ehrman setzt sich ebenfalls mit den Dimensionen abstrakt/konkret und sequenziell/zufällig auseinander. Sie verzichtet dabei zwar auf eine Einengung der möglichen Lernstilkombinationen indem sie beide Kontinua unabhängig voneinander betrachtet, stellt jedoch ebenfalls eine konzeptuelle Verbindung zum Myers-Briggs-Typenindikator her.

Konkret orientierte Fremdsprachenlerner/innen seien daran interessiert, die Sprache in authentischen Situationen zu gebrauchen. Sie hätten jedoch mitunter Schwierigkeiten Regeln zu lernen, abstrakte Inhalte zu diskutieren oder ein grundlegendes System hinter der jeweiligen Sprache zu erkennen. Diese Attribute seien jedoch förderlich und trügen wesentlich zur Fehlervermeidung in natürlichen Sprechsituationen bei.

Abstraktes Lernverhalten umfasse beispielsweise eine Vorliebe für grammatische Regeln, Strukturen und abstrakte Themen. Im Extremfall könnten sich abstrakte Lerner/innen gänzlich in der Theorie verlieren und auf diese Weise nie zu wirklichem Sprachgebrauch gelangen (vgl. Ehrman 1996:69).

Für sequenzielles Sprachenlernen gelte, dass beispielsweise ein Lehrbuch systematisch von vorne nach hinten durchgearbeitet werde. Weitere Unterrichtshandlungen seien das Auswendiglernen von Dialogen, lautes Vorlesen eines Textes in der Fremdsprache durch die Lerner/innen, nachdem die Lehrkraft das neue Sprachmaterial initial vorgelesen hat oder die Sicherstellung des Verständnisses auf Seiten der Lerner/innen, bevor neue Unterrichtsinhalte behandelt werden.

Dagegen seien mögliche Inhalte für zufällige Lernertypen ein Interview mit Muttersprachler/innen und dessen spätere Darstellung, das Lesen unbekannter Texte und die gleichzeitige Erschließung des neuen Vokabulars aus dem Kontext oder Diskussionen mit dem Schwerpunkt des Meinungsaustausches (vgl. Ehrman 1996:306ff; zit. n. Schulz-Wendler 2001:135f).

Hinsichtlich der Auffassung Ehrmans über einen zufälligen Lernstil sollte nicht unerwähnt bleiben, dass sie diesem durchaus eine systematische Arbeitsweise attestiert. Diese sei aber so eigen, dass sie auf Außenstehende zufällig wirke (vgl. Ehrman & Leaver 2003).

Beide Stildimensionen werden im Rahmen des *Motivation and Strategies Questionnaire* (MSQ) bzw. dem *Ehrman and Leaver Style Questionnaire* erhoben. Dabei orientieren sich insbesondere die Aussagen bezüglich der Dimension sequenziell/zufällig an fremdsprachenspezifischen Strategien, was zumindest tendenziell Aussagen über einen Sprachlernstil zulässt. Schulz-Wendler (vgl. 2001:135f) merkt jedoch im Zusammenhang mit dem MSQ kritisch an, dass viele der Items doppelt belegt seien, also als Indiz für eine Ausprägung unterschiedlicher Stildimensionen gewertet würden. Dies stelle, zusätzlich zum ohnehin weit gefassten, d. h. auf die Erfassung vieler Variablen abzielenden MSQ, eine unzulässige Verquickung voneinander unabhängig zu betrachtender Faktoren dar. Zudem ergäben sich Widersprüche v. a. bei der Auslegung der Begriffe abstrakt und konkret: Aufgrund der inhaltlichen Anpassung an das Persönlichkeitsmodell von Myers und Briggs entstünden mitunter konträre Interpretationen bezüglich der Ursprungstheorie Gregorcs. Des-

sen Verständnis eines abstrakten Lerners würde beispielsweise die logisch begründete Stilkombination abstrakt-sequenziell einschließen, nicht - wie von Oxford postuliert – nur die Verbindung abstrakt-zufällig.
Die Validität der von Oxford und Ehrman im Rahmen ihrer jeweiligen Erhebungsinstrumente erfassten Stildimensionen abstrakt/konkret sowie sequenziell/zufällig ist vor dem Hintergrund der o. g. Kritik anzuzweifeln. Während Oxford eher allgemeine Präferenzen untersucht, vermischt Ehrman trotz der Konzentration auf einen sprachspezifischen Stil ungleiche Variablen. Infolgedessen müssen die postulierten Charakterisierungen als lediglich theoretisch herbeigeführt angesehen werden. Diesbezüglich können sie m. E. jedoch nützliche Ansätze für die Beschreibung von Arbeitsweisen im Fremdsprachenunterricht liefern.

3.2.1.2 Dunn & Dunn

Rita und Kenneth Dunn sind Begründer eines Lernstilkonzepts, das seit der Erstpublikation 1972 regelmäßige Erweiterungen sowohl hinsichtlich der zu erfassenden Stildimensionen als auch des entsprechenden Messinstrumentariums erfahren hat. Coffield et al. (2004:21) berichten von 879 wissenschaftlichen Publikationen, die sich im engeren Sinne mit dem Modell befassen. Damit gehört es zu den meist beachteten Konzepten des Forschungsgebiets und hat auch bezüglich seiner praktischen Anwendung in verschiedensten Bildungsbereichen regen Anklang gefunden. Eine intensive Vermarktung der für jegliche Altersgruppen angebotenen Erhebungsinstrumente sowie Unterrichtsmaterialien und Lernhilfen zur Effektivierung des persönlichen Lernstils wird auf der offiziellen Internetseite des von Dunn und Dunn gegründeten *International Learning Styles Network* (Dunn 2007) betrieben.
Das Modell[15] ist den weiten Lernstilkonzepten zuzuordnen, da es in der aktuellsten, von Rundle und Dunn (2005) entwickelten Version bis zu 26 Stildimensionen in sechs lernrelevanten Bereichen beschreibt. Diese Bereiche sind

---

[15] An dieser Stelle wird auf das *Building Exellence*-Instrumentarium (*BE*) Bezug genommen, welches für die Lernstilerhebung von Erwachsenen entwickelt wurde. Weitere, ebenso wie das *BE* auf dem ursprünglichen *Learning Styles Inventory* (*LSI*, Dunn,Dunn & Price 1992) basierende Instrumentarien sind verschiedenen Altersgruppen angepasst: *LIVES* (14-18 Jahre), *LSCY* (10-13), *ELSA* (7-9), *OPALS* (3-6).

die Wahrnehmung (*perceptual domain*), psychologische/kognitive Aspekte (*psychological domain*), die Lernumgebung (*environmental domain*), physiologische Faktoren (*physiological domain*), Emotionalität (*emotional domain*) sowie bevorzugte Sozialformen (*sociological domain*).

Aufgrund der Vielzahl erfasster Variablen, deren vollständige Beschreibung den Rahmen dieses Abschnitts sprengen würde, soll im Folgenden eine tabellarische Darstellung einem Gesamtüberblick dienen, bevor vereinzelt auf fremdsprachenrelevante Dimensionen eingegangen wird:

Tab. 1: Lernstildimensionen nach Dunn & Dunn (vgl. Andrew et al. 2002)

Domain	Factors (preferences for...)			
Perceptual	Auditory	Visual	Tactile	Kinesthetic
Psychological	Analytic vs. Global	Reflective vs. Impulsive		Cerebral Preference
Environmental	Light	Sound	Temperature	Setting
Physiological	Food intake needs		Time of day	Mobility
Emotional	Motivation	Conformity	Task persistence	Structure
Sociological	Working in teams	Alone	Small groups	Help/support from authority figures

An dieser Stelle soll zunächst auf die Annahme eingegangen werden, Lernstile seien zumindest in Teilen von einer Präferenz für eine der beiden Gehirnhälften eines Individuums geprägt:

> „The idea that the two hemispheres are characterised by different ways of dealing with information has led to speculation that individuals may favour one hemisphere over the other, and that this favouring will be reflected in differing preferred learning styles among individuals." (Strong Cincotta 1998:11)

Eng verbunden mit dieser Hypothese ist die Stildimension global/analytisch (*global/anaylytic*), die in Form verschiedener Begrifflichkeiten[16] in zahlrei-

---

[16] Pask & Scott (1972) verwenden z. B. die Begriffe *wholist/serialist*, Allinson & Hayes (1996) unterscheiden zwischen *intuitive* und *analytic*. Witkins (1954) *field-dependence/field-independence* widmet sich ebenfalls dieser Stidimension. Eine Übersicht

chen Lernstilkonzepten thematisiert wird. Dabei geht es grundsätzlich um die Frage, ob Lerner/innen an einen bestimmten Lerngegenstand eher ganzheitlich heran gehen oder sich den Gesamtzusammenhang vorzugsweise über den Weg einzelner Details erarbeiten. Da letztere Option mit analytischen Denkprozessen verbunden ist, wird davon ausgegangen, dass analytisch vorgehende Lerner/innen eine verstärkte Aktivität der linken Gehirnhälfte aufweisen, wohingegen global agierende Lernertypen die rechte Hälfte stärker beanspruchten. Hintergrund dieser Überlegungen sind meist die Arbeiten von Springer und Deutsch (1989), die der linken Gehirnhälfte u. a. sprachliche, lineare bzw. analytische Verarbeitungsprozesse zuschreiben, wobei der rechte Teil des Gehirns z. B. für visuell-räumliche, holistische Abläufe und Emotionen verantwortlich zeichne. Während der Nachweis bestimmter Zentren (z. B. für Sprache, vgl. Genesee 2000) über die Messung der Gehirnaktivität bei verschiedenen Tätigkeiten das Postulat dieser Zuständigkeiten z. T. stützt, ist man sich mehr als uneinig, inwiefern die jeweiligen Hälften tatsächlich im Zusammenhang mit Lernvorlieben intensiver gebraucht bzw. vernachlässigt werden. Diesbezügliche Mutmaßungen bleiben im Übrigen auch meist sehr oberflächlich und stützen sich vorwiegend auf den o. g. Bezug zur Stildimension global/analytisch. Ein komplexes Zusammenspiel beider Gehirnhälften bei jeglichen Tätigkeiten erscheint vielen Forscher/innen plausibler, zudem gibt es keine gesicherten Erkenntnisse hinsichtlich der Rolle der Hirnhälften bei der Bestimmung persönlichkeitsbezogener Unterschiede im Lernverhalten (vgl. Coffield et al. 2004:15). So kommen auch Lyons und Languis (1985:127) zu dem Schluss: „Applying brain behavior relationships to education is not a simple or clear-cut procedure [...]."

Ebenfalls der Erfassung kognitiver Prozesse zuzurechnen ist die Dimension reflexiv/impulsiv (*reflective/impulsive*). Dunn und Dunn beziehen sich hierbei auf Kagan (1966), der dieses Eigenschaftskontinuum mit dem Begriff *conceptual tempo* zu erfassen sucht. Impulsive Lerner/innen wiesen eine schnelle und unkritische Akzeptanz von Hypothesen auf, da sie eine schnelle und oft ungenaue Arbeitsweise bevorzugten. Sie neigten daher auch mehr zu Fehlern.

---

zur Dimension holistisch/analytisch sowie verwandter Konstrukte findet sich bei Riding & Rayner (1998).

Demgegenüber arbeiteten reflexive Lernertypen langsam und sorgfältig. Sie bevorzugten ein systematisches, analytisches Vorgehen. Dies seien die am häufigsten beobachteten Ausprägungen, die zudem Parallelen zum Kriterium global (impulsiv) bzw. analytisch (reflexiv) zeigten. Mitunter stoße man neben diesen beiden Lernertypen auch auf Varianten, die entweder schnelles aber dennoch sorgfältiges Arbeiten vereinten (*fast-accurate*, dieser Typ entspricht dem Ideal i. S. der Effizienz einer Lernsituation) oder aber eine langsame Arbeitsweise mit fehlerbehafteten Ergebnissen kombinierten (*slow-inaccurate*, der unter der Maßgabe des Lernerfolgs schlechteste Fall, vgl. Oxford et al. 1992:442).

Hinsichtlich der Bedeutung für die Lernstilforschung sollte an dieser Stelle schließlich noch der Bereich perzeptueller Präferenzen Eingang finden, ein für Dunn und Dunn wesentlicher Faktor bezüglich des Arrangements von Lernsituationen. Sie bilden zusammen mit den kognitiven Strukturen als biologisch verhältnismäßig feste Größe die Grundlage für die Einstufung des Konzepts als konstitutionell gebunden (*constitutionally based*). Es handelt sich hierbei insofern nicht um ein Stilkontinuum i. o. g. S., da sich die jeweilige Ausprägung nicht auf einer Achse zwischen zwei gegensätzlichen Polen lokalisieren lässt. Vielmehr wird zwischen vier vorzugsweise visuellen, auditiven, taktilen oder kinästhetischen Lernertypen unterschieden, wobei naturgemäß alle Kanäle von allen Lerner/innen benutzt würden. Dabei werde insbesondere zwischen einem primär visuellen oder auditiven Lernstil unterschieden, nicht zuletzt aufgrund der Tatsache, dass Lehrmethoden traditionellerweise wenig bis gar nicht taktil (Tasten) bzw. kinästhetisch (Bewegung) ausgerichtet seien und somit auf diese Formen der Wahrnehmung zurück greifende Lernstrategien oft kategorisch ausschieden. Visuellen Lerner/innen werde eine Affinität zu (Tafel-) Bildern, Visualisierungen jeglicher Art sowie Leseaufgaben zugeschrieben, wohingegen auditives Lernen auf Vermittlungsformen in Form von Vorträgen, Diskussionen, Aufgaben zum Hörverstehen etc. basiere.

Die von Dunn und Dunn entwickelten Instrumentarien wurden bereits aufgelistet; es handelt sich hierbei wiederum um Selbstevaluierungen, die sowohl in Papierform als auch elektronisch im Rahmen der internetbasierten Kommerzialisierung des Konzepts durchgeführt werden können.

Cassidy (vgl. 2004:436) berichtet mit Bezug auf Curry (1987) von überdurchschnittlichen Ergebnissen in Validitäts- und Reliabilitätsprüfungen. Darüber hinaus zitiert er Keefe (1982), der bemerkt, dass Modell sei besonders praxisorientiert. Coffield et al. (vgl. 2004:29ff) hingegen nennen zahlreiche Autoren (u. a. Knapp 1994; Shwery 1994), die die wissenschaftliche Fundiertheit in Frage stellen. Weiterhin halten sie zusammenfassend fest, das Konzept konzentriere sich aufgrund der angenommenen Unveränderbarkeit lernrelevanter Variablen auf die Notwendigkeit des *matching*, d. h. der Anpassung des Lerngegenstands und seiner Vermittlung an die Vorlieben der Lerner/innen, was der Entwicklung von Strategien außerhalb des eigenen Repertoires hinderlich sei. Positiv bemerken sie, dass das Modell die Stärken der Lerner/innen hervor hebe und den generellen Grundsatz vertrete, dass verschiedene Arten des Lernens nicht qualitativ unterschiedlich bewertet, sondern als Grundlage für individuelle, zielgerichtete Lehrformen verstanden werden sollten.

Auch für den Bezug zum Fremdsprachenlernen gilt die oben geäußerte Warnung, „that left- and right-brain differences tend to draw more attention than the research warrants at the present time." (Scovel 1982: zit. n. Brown 1987:89). Dennoch haben einige Forscher/innen den Versuch unternommen, einen Zusammenhang zwischen links-/rechtshemisphärischer Verarbeitung und Fremdsprachenlernen herzustellen. Krashen et al. (1974) sehen beispielsweise ihre Hypothese bestätigt, dass linkshemisphärisch dominierte Fremdsprachenlerner einen deduktiven Lehrstil bevorzugten (z. B. eine grammatische Regel auf spezifische Äußerungen anwenden), wohingegen rechtshemisphärisch dominierte Lerner/innen einen induktiven[17] Unterrichtsaufbau befürworteten (z. B. aus fremdsprachlichem Input übergreifende Prinzipien abstrahieren, ggf. auch unbewusst). Stevick (1982) arbeitet nochmals die angeführte inhaltliche Verwandtschaft zur Stildimension global/analytisch heraus (vgl. Brown 1987:89), welche wiederum durchgängig im Zusammenhang mit der Feldabhängigkeit/-unabhängigkeit abgehandelt wird. Entsprechend wird an dieser Stelle auf die Besprechung letztgenannte, von der stilbezogenen

---

[17] Zur Stildimension deduktiv/induktiv vgl. auch Kap. 3.2.6.2.

Fremdsprachenforschung in umfangreicher Weise aufgegriffene Dimension in Kap. 3.2.2.1 verwiesen.

Bezieht man das Konstrukt des reflexiven bzw. impulsiven Lernertyps auf das Erlernen fremder Sprachen, so neigen extrem reflexive Lerner/innen dazu, (schrift-) sprachliche Äußerungen im Vorfeld eingehend zu prüfen. Dagegen macht sich Impulsivität in spontanen und weniger durchdachten Beiträgen bemerkbar (vgl. Grotjahn 1998:13). Grotjahn (ebd.) fährt fort: „Bei Verstehensaufgaben bevorzugen reflexive Lerner eine Strategie des kontrollierten Hypothesenbildens, impulsive Lerner dagegen eher eine Strategie des 'wilden Ratens'". Für einen ggf. benoteten Unterricht hat diese Beobachtung m. E. weit reichende Folgen: Es liegt nahe, dass reflexive Schüler/innen z. B. in offenen Klassengesprächen aufgrund der längeren Reaktionszeit benachteiligt sind, da sie durch schnelle Äußerungen impulsiver Lerner/innen „ausgebremst" werden. Dem entspricht auch der Hinweis von Oxford und Ehrman, dass ein ausgebildetes Streben nach Korrektheit sprachlichen Outputs zu Sprachverwendungsangst führen könne (vgl. ebd.). Bezüglich dieser Stildimension fokussieren Oxford & Cohen (2001) im Übrigen das Fremdsprachenlernen[18], ohne dabei auf allgemeinere Vorlieben zu schließen. Unter der Überschrift *How I Deal With Response Time* werden die Proband/innen aufgefordert, Aussagen *wie I react quickly in language situations* oder *I go with my instincts in the target language* (impulsiv) bzw. *I need to think things through before speaking or writing* oder *I attempt to find supporting material in my mind before I set about producing language* (reflexiv) zu bewerten.

Brown (1987:91) weist darauf hin, dass Studien zur Reflexivität/Impulsivität im Zusammenhang mit Fremdsprachenlernen rar seien, verweist jedoch auf die Ergebnisse Dorons (1973), die eine langsamere, aber gleichzeitig weniger fehlerbehaftete Performanz bezüglich des Lesens unter erwachsenen Englischlerner/innen beobachten konnte. Er betont weiterhin die besondere Relevanz der Erforschung einer reflexiven/impulsiven Stilvariable für den Fremdsprachenunterricht.

Reid (1987:91) stellt fest: „There is no published research that describes the

---

[18] Oxford & Cohen (2001) veröffentlichen das *Learning Style Survey for Young Learners*, das zu großen Teilen auf Oxfords SAS basiert.

perceptual learning style preferences of NNSs [nonnative speakers; d. Verf.]". Sie nimmt dieses Defizit zum Anlass, eine umfassende Studie mit 1388 in den USA lebenden Englischlerner/innen durchzuführen, mit dem Ziel, repräsentative Aussagen über die für das Lernen als bedeutsam erachteten perzeptuellen Modi (visuell, auditiv, kinästhetisch, taktil) treffen zu können. Darüber hinaus erhebt sie Vorlieben für die Arbeitsformen des Individual- bzw. Gruppenlernens, auf deren Darstellung jedoch an dieser Stelle verzichtet wird. Die interessantesten Ergebnisse werden im Folgenden vorgestellt:

Reid (1987:92ff) berichtet von der generellen Beobachtung, dass die untersuchten Personen eine starke Präferenz für kinästhetische und taktile Lernstile aufwiesen. Dies wirkt geradezu verblüffend, rekapituliert man die von Dunn und Dunn als dominant vermuteten visuellen bzw. auditiven Wahrnehmungsvorlieben, denen im Unterricht gemeinhin auch in stärkerem Maße entsprochen werde.

Gleichermaßen bemerkenswert sind Erkenntnisse hinsichtlich eines Zusammenhangs zwischen bevorzugtem Modus und der zum Zeitpunkt der Untersuchung verbrachten Zeit in den Vereinigten Staaten: Je länger die Lerner/innen in den USA lebten, desto auditiver sei ihr Lernstil. Diejenigen, die schon länger als drei Jahre dort gelebt hätten, seien sogar signifikant auditiver als deren Kommiliton/innen, die erst seit kürzerer Zeit in den USA lebten. Reid wartet mit zwei Interpretationsversuchen auf: Zum einen bestehe die Möglichkeit, dass Lerner/innen sich mit auditivem Sprachmaterial wohler fühlten, sobald sie von einer fremdsprachlichen in eine zweitsprachliche Umgebung wechselten, obwohl sie tatsächlich weiterhin andere Modi bevorzugten. Eine alternative Erklärung sei, dass sich der Lernstil eben jener Lerner/innen mit zunehmender Dauer des Aufenthaltes verändere, sie also einen auditiven Stil erst *entwickelten*. Eine solche Deutung hätte grundlegende Folgen für das Dimensionsverständnis von Dunn und Dunn, da sie v. a. die Präferenz für Wahrnehmungsmodi als vornehmlich genetisch fixiert und somit unveränderbar betrachten.

Auch Oxford berücksichtigt vor dem Hintergrund Reids Studie perzeptuelle Lernstile und eröffnet ihr SAS mit dem Teilbereich *How I Use My Physical Senses*. Sie fasst jedoch taktile und kinästhetische Lerner/innen unter dem

Sammelbegriff *hands-on students* zusammen (vgl. Oxford & Anderson 1995:209). Abschließend ist festzuhalten, dass das verhältnismäßig breit angelegte und aus diesem Grund kritisch bewertete Lernstilkonzept von Dunn und Dunn für die Fremdsprachenforschung nur bedingt interessant ist. In Bezug auf Vorlieben im Bereich *Lernumgebung* beispielsweise hält Schulz-Wendler (2001:23) zu Recht fest:

> „Ob jemand beim Lernen gerne Musik hört, gedämpftes Licht bzw. niedrige Raumtemperaturen bevorzugt und eine Tafel Schokolade in Reichweite benötigt, dürfte zweifellos keine Frage des Lernstils im Sinne einer Disposition mehr sein."

Wertvolle Ansätze für das Sprachenlernen hingegen bieten theoretisch begründete Einflüsse der Reflexivität/Impulsivität sowie in begrenztem Maße die Frage nach unterschiedlichen Zuständigkeiten der beiden Gehirnhälften. Diesbezüglich besteht jedoch ein erhöhter Bedarf an empirischer Forschungsarbeit.

Auch die Beschreibung von Präferenzen bezüglich der Sinneswahrnehmung beim Lernen wurde von der Fremdsprachenforschung aufgegriffen, eine Unterscheidung in visuelle, auditive und taktil-kinästhetische Lerner/innen wird jedoch zunehmend zugunsten der bipolaren – und somit den Konstruktanforderungen einer Lernstildimension eher entsprechenden – Differenzierung *verbal/visuell*[19] aufgegeben.

3.2.2 Lernstile beruhen auf den kognitiven Strukturen eines Individuums

Stilkonzepte dieser Gruppe rücken die eingangs besprochene kognitive Komponente menschlicher Lernprozesse in den Mittelpunkt. Dabei werden diese übersituativ wirksamen Denkstrukturen als tief in der Persönlichkeit verwurzelt betrachtet, was die Position dieser Konzeptfamilie innerhalb des auf die konjizierte Stabilität der betrachteten Variablen bezogenen Kontinuums begründet.

---

[19] Zur Stildimension verbal/visuell vgl. auch Kap. 3.2.2.2.

Konstrukte dieses Interessenbereichs stehen häufig im Verdacht, nicht kognitive (Lern-) Stile, sondern Fähigkeiten zu erfassen, was nicht zuletzt mit den gewählten Instrumentarien zusammen hängt. Folgendes Zitat von Guilford (1980:716) greift noch einmal das wesentliche Unterscheidungskriterium zwischen Stil und Fähigkeit auf, bevor das für die lernstilbezogene Fremdsprachenforschung durchaus bedeutsame Konzept von Witkin näher vorgestellt wird:

> „Abilities are unipolar traits while styles are bipolar. Abilities are narrower in scope. Abilities are measured in terms of *level* of performance, where styles are measured by degree of some *manner* of performance."

3.2.2.1 Witkin

Das von Herman Witkin entwickelte Stilkonstrukt der Feldabhängigkeit/-unabhängigkeit (*field-dependency/-independency*, i. F. FU/A) unterscheidet sich von anderen hier besprochenen Lernstilkonzepten in vielerlei Hinsicht: Zunächst ist es – wie in Abschnitt 2.1 bereits angedeutet – bezüglich seines ursprünglichen Interesses nicht in der Lernstil-, sondern in der Kognitionsforschung verwurzelt. Es ist somit Repräsentant der eingangs skizzierten Erforschung kognitiver Stile und gewann hinsichtlich des konkreten Bezugs auf Lernprozesse erst im Rahmen seiner Adaption für verschiedene Bildungsbereiche an Bedeutung. Potenzielle Implikationen der FU/A für das Lernen wurden zudem von Witkin, Moore, Goodenough und Cox (1977) thematisiert, rund 30 Jahre nach Beginn der Forschungsarbeit. Der vergleichsweise frühe Ursprung dieser Stildimension Ende der vierziger Jahre stellt somit eine weitere Besonderheit dar.

Darüber hinaus basiert die Operationalisierung mittels des *Group-Embedded-Figures Test* (GEFT) nicht auf selbstevaluativen Fragebögen, wie es bezüglich der meisten anderen Konzepte der Fall ist, sondern testet die Fähigkeit, schlichte geometrische Formen innerhalb unübersichtlicherer Muster zu erkennen[20]. Diese Tatsache beschert dem Konzept bis heute die Kritik, es beschränke sich auf die Messung kognitiver Fähigkeiten und leiste somit keinen

---

[20] Dabei wird die Reaktionszeit einer Punkteskala von 0-18 zugeordnet. 11 Punkte und weniger werden als Indiz für FA gewertet. 12 Punkte und mehr legen ein feldunabhängiges Lernverhalten nahe (vgl. Garton et al. 2000:517).

Beitrag zur Stilforschung. Während manche Forscher/innen dies zum Anlass nehmen, die FU/A als stilprägendes Kriterium gänzlich abzulehnen, versuchen andere, den mit dem GEFT verbundenen Schwächen mit Alernativinstrumentarien beizukommen. So auch Vertreter der Fremdsprachenforschung, für welche die FU/A mitunter wertvolle konzeptuelle Ideen bereithält.

Im Wesentlichen beschreibt die FU/A die Neigung eines Individuums, sich bei der Wahrnehmung von äußeren Faktoren beeinflussen zu lassen. Bezogen auf die Stilforschung wird sie mit einer generellen Vorliebe für das Lernen in Isolation (FUA) einerseits, bzw. in einer Gemeinschaft (FA) andererseits in Verbindung gebracht. Feldunabhängige Lerner/innen werden als intrinsisch motiviert, selbstgesteuert und strukturiert charakterisiert. Zudem seien sie dazu in der Lage, sich bewusst für eine passende Lernstrategie zu entscheiden. Demgegenüber seien feldabhängige Lernertypen extrinsisch motiviert und bevorzugten klare Anweisungen der Lehrkraft. Sie hätten weiterhin das Bedürfnis, sich mit anderen Lerner/innen auszutauschen (vgl. Cassidy 2004:425f).

Hieraus ergeben sich hinsichtlich der FUA Stärken im Bereich der kognitiven Prozesse und damit einhergehend Lernvorteile einerseits sowie Schwächen im sozialen Umgang mit Mitmenschen andererseits. FA weist entsprechend konträre Ausprägungen auf, ein Umstand, dem Schulz-Wendler (2001:45) essentielle Bedeutsamkeit beimisst:

> „Erst durch eine solche Zusammenstellung positiver kognitiver und negativer sozialer Eigenschaften (FUA) bzw. nachteiliger kognitiver und wünschenswerter sozialer Eigenschaften (FA) wird eine Wertneutralität beider Pole erreicht."

Für die Betrachtung des FU/A-Konstrukts im Zusammenhang mit dem Fremdsprachenlernen sollte an dieser Stelle noch einmal darauf hingewiesen werden, dass es sich bei der Beschäftigung mit dieser Dimension nicht um eine reine Einordnung von Lerner/innen als feldabhängig bzw. -unabhängig handelt, sondern abermals verschiedene Ausprägungsgrade innerhalb eines Kontinuums angenommen werden. Hierbei entspricht eine mittige, d. h. polferne Position für die von Witkin formulierte *mobility*, also die Möglichkeit, situationsadäquate Lernstrategien zu wählen. Auch Little und Singleton (1990:12) warnen vor einem ausschließlich dichotomen Gebrauch des Konstrukts:

„[...] it is unwise to assume that learners are (for example) *either* field dependent *or* field independent, and that the cognitive style which is thus characterized is innate, unchanging and unchangeable."

Dennoch sieht sich das Konzept mitunter deutlicher Kritik ausgesetzt, hinsichtlich derer die Validität des GEFT angezweifelt wird, mit dem Hinweis, dieser messe ausschließlich die FUA. Ein Testwert von 11 und weniger spreche also nicht für FA, sondern vielmehr für geringe FUA, was nicht gleichzusetzen sei (vgl. Chapelle & Green 1992).

Die mit der FU/A assoziierten kognitiven Stile wurden von der Fremdsprachenforschung in umfangreicher Weise aufgegriffen, wobei den jeweiligen Ausprägungen wiederholt die folgenden bereichsspezifischen Neigungen zugeordnet wurden: Feldabhängige Lerner/innen tendierten aufgrund ihrer zwischenmenschlichen Orientierung zu Kontaktfreudigkeit und ließen sich infolgedessen vergleichsweise gern auf fremdsprachliche Kommunikationsanlässe ein. Dies führe zu größerer kommunikativer Kompetenz, Gesprächsfindigkeit sowie Verhandlungsgeschick. Aus Feldunabhängigkeit hingegen resultierten vor dem Hintergrund der implizierten Analyse- und Restrukturierungsfähigkeit eine höhere Erfolgsrate hinsichtlich formalsprachlicher Aspekte sowie eine gesteigerte Resistenz gegenüber Fossilisation (vgl. Skehan 1989:111f). Schon Brown (1987:86) bemerkt, dass „[w]hile no one seems to deny the plausibility of this [...] hypothesis, little evidence has been gathered to support it.". In ihrer Auswertung zahlreicher Studien, die sich mit vorstehender Hypothese befassen, findet auch Schulz-Wendler (2001:50f) nur eine Arbeit (Abraham & Vann 1987), die eine Überlegenheit feldabhängiger Lerner/innen bezüglich kommunikativer Fertigkeiten bestätigt. Generell liefere der Großteil der Studien jedoch lediglich Belege für ein besseres Abschneiden feldunabhängiger Fremdsprachenlerner/innen bezüglich formalsprachlicher Strukturen wie z. B. grammatische Regelkenntnisse. Zudem gebe es vereinzelt auch Hinweise darauf, dass diese Lernertypen darüber hinaus auch auf kommunikativer Ebene überlegen seien.

Oxford und Anderson (1995:205) berichten mit Bezug auf Abraham (1985) von einer Neigung feldunabhängiger Lerner/innen zu regelorientierten Lehrmethoden, wohingegen diese von Feldabhängigen gemieden würden. Sie kommen zu dem sich schon oben andeutenden Schluss, dass vor dem Hintergrund der Arbeiten von Day (1984), Chapelle und Roberts (1986) und Hansen und Stansfield (1981, 1982) festzuhalten sei, dass es klare Hinweise auf größere grammatische Korrektheit bei feldunabhängigen Menschen gebe, dass jedoch die Erwartung, feldabhängige Lerner/innen schnitten im Zusammenhang mit kommunikativen Aufgaben durchgängig besser ab, nicht bestätigt werden könne (ebd.).

Dem Ausgangskonstrukt von Witkin haftet der o. g. Mangel an, dass der GEFT nur eine Hälfte des vermuteten Kontinuums erfasst, nämlich die FU. Die mit der FA verbundenen Qualitäten bezüglich des Lernens hingegen werden nur hypothetisiert. Ehrman begegnet dieser Schwäche mit der Konstruktion einer zusätzlichen Dimension: Sie unterscheidet neben der FU, deren Gegenpol bei ihr die Abwesenheit von FU (weiterhin unter der Bezeichnung FA) darstellt, zusätzlich zwischen *Feldempfänglichkeit* (*field sensitivity*) und der ihr gegensätzlichen *Feldunempfänglichkeit* (*field insensitivity*). Feldunabhängigkeit versteht sie als Präferenz, einzelne Informationen aus ihrem Kontext herauszulösen. Sie benutzt in diesem Zusammenhang das Bild eines Scheinwerfers (*spotlight*), der lediglich ein kleines Detail einer Sache beleuchtet. Dagegen sei eine feldempfängliche Arbeitsweise mit einem Flutlicht (floodlight) zu vergleichen, das einen bestimmten Lerngegenstand als Ganzes erhelle und ihn infolgedessen auch in einen Kontext einordnen könne. Alle Ausprägungen seien miteinander kombinierbar, allerdings vereinten die besten Fremdsprachenlerner meist Feldunabhängigkeit und Feldempfänglichkeit (vgl. Ehrman 1999:52).

Schon die Verwendung des Ausdrucks *the best language learners* deutet jedoch auf die Unbrauchbarkeit Ehrmans Begriffsverständnisses hinsichtlich der stilbezogenen Fremdsprachenforschung hin. Wurde schon beim Bezug auf Witkins Auffassung der FU/A eine Wertneutralität stark bezweifelt, so zeigt sich hier deutlich, dass Ehrman Fähigkeiten beschreibt:

> „Weder Feldunabhängigkeit noch Feldempfänglichkeit haben einen adäquaten Gegenpol, da sich Feldabhängigkeit und Feldunempfänglichkeit ausschließlich durch Defizite auszeichnen. Ehrman hat die Feldunabhängigkeit/Feldabhängigkeit damit endgültig von einem Präferenz- in ein Kompetenzmodell überführt." (Schulz-Wendler 2001:53)

Schließlich soll noch der Ansatz Oxfords Erwähnung finden, die die in Kap. 3.2.1.2 angedeutete Korrelation zwischen FU/A und der von Dunn und Dunn postulierten Stildimension global/analytisch in einen fremdsprachenspezifischen Zusammenhang bringt. Sie umgeht die konstruktinhärente Schwäche, dass sich FU/A nicht gleichwertig in Form eines Kontinuums darstellen lassen, indem sie deren ursprünglichen inhaltlichen Schwerpunkt, die Fähigkeit, einzelne Teile aus einem Gesamtzusammenhang herauslösen zu können (FU), dem analytischen Lernertyp zuordnet, gleichzeitig jedoch die Tendenz zu holistischem Lernen wertschätzt, die dem globalen Lernertyp entspreche (vgl. Oxford & Anderson 1995:204). Die den jeweiligen Ausprägungen zugeschriebenen Merkmale decken sich weitestgehend mit der einleitend mit Bezug auf Skehan vorgestellten Hypothese, können allerdings aufgrund des kontextübergreifend angelegten SAS-Teilbereichs *How I Receive Information* auch nicht nennenswert belegt werden, d. h. spezifische Sprachlernstile beschreiben.

Diesbezüglich muss auch hier abschließend bemerkt werden, dass es an validen Instrumentarien zur Erfassung fremdsprachenspezifischer Lernstile fehlt. Die theoriegeleitete Übertragung der stilrelevanten Stärken des FU/A-Konstrukts auf die umfassendere Dimension global/analytisch scheint jedoch insbesondere vor dem Hintergrund einer Forderung nach inhaltlicher Verdichtung sinnvoll.

3.2.2.2 Riding

Neben der bedeutsamen Stildimension FU/A birgt ein weiteres Modell dieser Konzeptfamilie inhaltliche Substanz für stilbezogene Fremdsprachenforschung. Dabei handelt es sich um ein von Riding und Rayner (1998) publiziertes zweidimensionales Schema, das die Organisationsform neuer Informationen mit dem Stilkontinuum *holistisch/analytisch* sowie die Repräsentationsform als *verbal/visuell* beschreibt. Erstere Dimension gründet dabei auf der Idee einer schon o. g. vorzugsweise ganzheitlichen bzw. in seine einzelnen Bestandteile zergliedernden Organisierung zu verarbeitender Sachverhalte. Riding (Riding & Buckle 1990) selbst nennt Witkins FU/A-Konzeption als primäre Quelle der Dimension holistisch/analytisch. Entsprechend soll das Augenmerk hier auf Ridings Unterscheidung hinsichtlich der perzeptuellen

Repräsentation neuer Informationen gerichtet werden. Ausgangspunkt der Überlegung, diese würden auf zwei verschiedene Arten, nämlich verbal und/oder visuell chiffriert, ist Paivios *Dual Coding Theory* (1990). Danach werden eingehende Informationen über zwei voneinander unabhängige Kanäle sprachlich bzw. bildlich codiert und somit in Wissen umgewandelt, das daraufhin für den späteren Gebrauch im Gedächtnis gespeichert wird. Riding geht also davon aus, Lerner/innen codierten Informationen vorwiegend auf die eine oder die andere Weise, wobei Mischtypen wiederum keine besondere Präferenz aufweisen.

Ähnlich dem zweidimensionalen Modell Gregorcs (siehe Kap. 3.2.1.1.) ergeben sich durch die unterschiedlichen Kombinationen der vier Achsenendpunkte vier Lernstile, welche wiederum auf einer eigenen Achse dargestellt werden können, da Zusammenhänge zwischen den Ausprägungen holistisch/visuell bzw. analytisch/verbal unterstellt werden:

'extrem holistisch'			'extrem analytisch'
holistisch-visueller Stil	holistisch-verbaler Stil	analytisch-visueller Stil	analytisch-verbaler Stil

Abb.4: Die Analyse-Holismus Achse nach Riding (Schulz-Wendler 2001:64)

Die Abbildung veranschaulicht, dass die zur Mitte tendierenden Lernstile jeweils sich ergänzende Ausprägungen vereinen, d. h. situativ flexible Strategieausrichtungen zulassen.

Riding hat ein computerbasiertes Testverfahren mit dem Titel *Cognitive Style Analysis* (CSA) entwickelt. Bezüglich der Variable holistisch/analytisch verwendet Riding ein dem GEFT ähnliches Verfahren, wobei er dessen Defizite durch die Hinzunahme einer auf Holismus (Feldabhängigkeit) abzielenden Aufgabe auszugleichen versucht. Ob Lerner/innen Informationen vorzugsweise visuell oder verbal verschlüsseln, wird anhand der Zuordnung abstrakter (Verbalismus) bzw. konkreter (Visualismus) Begriffe bestimmt. Hinsichtlich beider Dimensionen ist die Reaktionszeit der entscheidende Faktor bei der

Zuordnung einer starken oder mäßigen Ausprägung. Auf eine detaillierte Darstellung des CSA wird an dieser Stelle verzichtet, Schulz-Wendlers (2001:66) Bewertung, dass „angesichts der schriftlich-verbalen Itemrepräsentation [...] jedoch eine grundsätzliche Benachteiligung der visuell orientierten Versuchspersonen anzunehmen" sei, offenbart allerdings eine Schwäche, die Ridings Lernstilkonzept in ein ähnlich zwiespältiges Licht rückt wie Witkins FU/A-Konstrukt: Als theoretischer Beitrag zur Stilforschung stößt das Modell auf Akzeptanz. Bezüglich seiner Operationalisierung hingegen besteht Nachholbedarf. So verwundert es auch nicht, dass Coffield et al. (2004:41f) mit Bezug auf Peterson et al. (2003) und Redmond et al. (2002) von negativen Reliabilitätsprüfungen berichten, welche eine genauere Evaluation zahlreicher Untersuchungen zur Validität unmöglich machten.

Nichtsdestotrotz findet insbesondere die Unterscheidung in visuelle und verbale Repräsentationsmuster neben der schon besprochenen Komponente holistischer und analytischer Verarbeitungsprozesse Beachtung in der mit fremdsprachenrelevanten Stilfaktoren befassten Forschungsliteratur.

Dabei gilt diese Dimension oft als die für das Fremdsprachenlernen bedeutungsvollere Alternative zur unter 3.2.1.2 besprochenen Fächerung in visuelle, auditive sowie taktil-kinästhetische Lernertypen. Felder (1995:23) äußert die Vermutung, dass die Gruppe der taktilen, gustatorischen und olfaktorischen Einflüsse im Zusammenhang mit Fremdsprachenunterricht bestenfalls eine marginale Rolle spiele und bemängelt die ohnehin unzulängliche Einordnung eines kinästhetischen Lernzugangs in eine auf den bevorzugten Gebrauch der menschlichen Sinne fokussierten Stilkategorie, mit dem Hinweis, eine Präferenz für wie auch immer geartete körperliche Aktivität müsse korrekterweise entweder im Rahmen der Stildimension aktiv/reflektiv (vgl. 3.2.4) oder extravertiert/introvertiert (vgl. 3.2.3.) untersucht werden.

Nach Ausschluss einer erwähnenswerten Relevanz des taktil-kinästhetischen Zugangs zu fremdsprachlichem Material sollte noch die Bevorzugung der dieser Dimension zugrunde liegenden Auslegung der Begriffe *visuell* und *verbal* gegenüber der Differenzierung in *visuell* und *auditiv* näher bestimmt werden: Diese „has to do with whether reading prose is more closely related to seeing pictures (which leads to the visual-auditory contrast) or to hearing speech (visual-verbal)." (ebd.). Neben dem offensichtlich perspektivisch ungleichen Ansatz der Betrachtung der sensorischen Informations*aufnahme* einerseits sowie der Informations*repräsentation* andererseits, bezieht sich *verbal* also sowohl auf geschriebene als auch auf gesprochene Sprache, während der Ausdruck *visuell* tatsächlich nur Bilder i. S. der Erfassung von Formen, Farben, Mustern etc. einschließt.

Hieraus ergibt sich eine für den stilorientierten Fremdsprachenunterricht u. U. entscheidende Konsequenz: Schenkt man Dales viel beachtetem *Cone of Learning* (1969) Glauben, so entnehmen und speichern Menschen mehr Informationen bei visueller Präsentation, als im Zusammenhang mit sprachlichen Darbietungsarten (Hören und Lesen). Eine weiter führende Implikation Dales Theorie ist die unbedingte Verbesserung der Informationsaufnahme bei kombinierter visuell-verbaler Stoffvermittlung[21]. Wenn man nun dem unter 3.2.1.2, u. a. von Reid, Oxford und Ehrman vertretenen Ansatz folgt, der die Schriftsprache einem visuellen Lernzugang zuordnet, so wäre der Forderung nach sowohl sprachlich als auch bildlich präsentiertem Unterrichtsmaterial nachgekommen, wenn die Lehrkraft beispielsweise eine *listening comprehension* mit einer *reading comprehension* verknüpfte. Interpretiert man allerdings Schriftsprache als verbales Medium, so verbliebe die Unterrichtsstunde im vorstehenden Beispiel auf rein verbaler Ebene[22]. Demzufolge könnte Fremdsprachenunterricht nur dann beide Repräsentationsarten bedienen, wenn die visuelle Darstellung z. B. in Form einer Bildergeschichte oder die Einführung neuer Vokabeln ergänzend mit Skizzen erfolgt.

Der zuvor referierten *un*bedingten verbesserten Informationsbearbeitung ist jedoch der im Zusammenhang mit Lernstilen von Leutner und Plass (1998) aufgegriffene *cognitive load effect* entgegenzuhalten, hinsichtlich dessen eine Verbesserung infolge verbal-visuell gekoppelter Informationen nur bedingt stattfinden wird, nämlich dann, wenn Lerner/innen bei Überbelastung – d. h. sowohl situativ i. S. von Stress als auch hinsichtlich der Informationsmenge – auf die ihnen ggf. immanente Präferenz für deutlich visuell- oder verbal-

---

[21] Dieser Zusammenhang ist auch bekannt unter dem Ausdruck *contiguity effect*. Vgl. hierzu Mayer 1997.

dominierte Verarbeitung ausweichen können (vgl. Schulz-Wendler 2001:71ff). Leutner und Plass sind auch die einzigen, die sich unter der oben ausdifferenzierten Maßgabe einer verbal/visuell-definierten Stildimension empirisch mit dem Fremdsprachenlernen auseinandersetzen. Ihre Studie, die eine Existenz verbaler und visueller Repräsentationsmuster i. S. eines übersituativen Stils durchaus stützt, beschränkt sich jedoch auf den spezifischen Bereich des computergestützten Fremdsprachenunterrichts, infolgedessen die Bedeutung der Erkenntnisse für klassische Unterrichtsumgebungen nur vermutet werden kann.

Darüber hinaus ist der Versuch Kinsellas (1995) erwähnenswert, den oben deutlich gewordenen konzeptuellen Verwirrungen bezüglich der Begriffe verbal und visuell Herr zu werden, indem sie, zusätzlich zur Beibehaltung der auditiven Ebene, visuelle Lerner/innen in visuell-verbal und visuell-nonverbal unterteilt. Erstere tendierten dabei eher zur Informationsaufnahme über Schriftsprache, wohingegen der Terminus visuell-nonverbal die Bevorzugung von Bildersprache beschreibe (vgl. Lee 2000:49).

Ridings Deutung der Stilvariable holistisch/analytisch weist große Parallelen zur oben besprochenen Dimension global/analytisch bzw. feldabhängig/feldunabhängig auf. Insofern bietet sie für den Fremdsprachenunterricht das genannte, theoretisch einleuchtend erscheinende Differenzierungspotenzial in kommunikationsorientierte Lerner/innen einerseits (holistisch) sowie logisch agierende, regelorientierte Lernertypen andererseits (analytisch).

Die Übertragung der kognitionstheoretisch verwurzelten Unterscheidung mentaler Repräsentationsformen in verbal und visuell auf die Lernstilforschung hält darüber hinaus einen brauchbaren Gegenentwurf zur lückenhaften, u. a. nicht bipolar konstruierten Einteilung in sinnbezogene Wahrnehmungsmodi bereit. Insbesondere vor dem Hintergrund des dem Fremdsprachenunterricht naturgemäß immanenten Schwerpunkts verbal dominierter Inhalte birgt diese, m. E. präziser bestimmte Einflussgröße wertvolles Vokabular zur Beschreibung fremdsprachenspezifischer Lernvorlieben.

---

[22] Ungeachtet der Tatsache, dass die als visuell repräsentiert angenommene reading comprehension ohnehin die nach Dale wirkungsschwächste Informationsaufnahme des Lesens verkörpert.

3.2.3 Lernstile sind Teil eines relativ stabilen Persönlichkeitstypus – Der *Myers-Briggs-Typenindikator* (MBTI)

Die dritte und bezüglich ihrer Position innerhalb des Stabilitätskontinuums neutralste Konzeptfamilie betrachtet Lernstile im Rahmen grundlegender Persönlichkeitsmerkmale von Individuen. Das primäre Interesse der Forscher/innen dieser Gruppe liegt nicht vorwiegend auf der Beschreibung lernrelevanter Faktoren, sondern der Zusammenstellung komplexer Persönlichkeitsprofile. Insbesondere das im Zusammenhang mit dieser Kategorie einflussreichste Modell von Briggs und Myers-Briggs bietet der Lernstilforschung[23] allerdings ein sowohl theoretisch reizvolles als auch praktikables Ideenkonstrukt.

Die inhaltliche Grundlage für den von Katherine Briggs und ihrer Tochter Isabel Myers-Briggs 1962 veröffentlichten Typenindikator lieferte der Begründer der analytischen Psychologie, Carl Gustav Jung. Er beschrieb dichotom angelegte, von der Persönlichkeit eines Menschen bestimmte Attribute und Funktionen, welche, miteinander kombiniert, *Psychologische Typen* erkennen ließen. Diesen Ansatz aufgreifend, ergänzen Briggs und Myers-Briggs das Typenmodell um eine weitere Variable und unterscheiden auf der Grundlage von vier Dimensionen zwischen 16 verschiedenen Persönlichkeitstypen. Im Folgenden soll eine knappe Darstellung der vier typprägenden Begriffspaare ein für die spätere Übertragung des Konzepts auf den Fremdsprachenunterricht grundlegendes Verständnis ermöglichen.

1. Extraversion/Introversion (*Extraversion/Introversion*)

   Hinsichtlich der Grundhaltung eines Individuums werden extravertierte[24] und introvertierte Persönlichkeiten unterschieden. Dabei beziehen sich diese Begriffe weniger auf alltagssprachliche Assoziationen wie Schüchternheit, Schweigsamkeit etc. (introvertiert) bzw. Geselligkeit, Impulsivität etc. (extrovertiert), sondern auf den „Schwerpunkt der

---

[23] Obwohl das Hauptaugenmerk auf der allgemeineren Beschreibung von Persönlichkeitstypen liegt, äußert Meyers-Briggs ausdrücklich, dass der MBTI gleichermaßen ein Hilfsmittel für Lerner/innen sein soll (Di Tiberio 1996; zit. n. Coffield et al. 2004:48).
[24] Die Begriffe *Extraversion* und *Extroversion* werden in der mit dem MBTI befasstenLiteratur teilweise synonym verwendet. Der Autor dieser Arbeit verwendet *Extraversion*, um auf das wissenschaftliche Konstrukt Bezug zu nehmen sowie *Extroversion* bezüglich des alltagssprachlichen Gebrauchs.

Aufmerksamkeit" (Vollmer 1999:131): Dieser liege bei extravertierten eher „außen, auf Menschen und Gegenstände[n; d. Verf.], bei introvertierten eher innen, auf Ideen und Gedanken [...]." (ebd.).

2. Sinneswahrnehmung/Intuition (*Sensing/Intuition*)

Die erste von zwei unterschiedenen Grund*funktionen* erfasst die bevorzugte Art der Informationsaufnahme. Während manche Menschen vermehrt auf Sinnesreize ansprächen, nähmen andere ihre Umwelt abstrakter, in Form übergeordneter Zusammenhänge wahr. Erstere interessierten sich dabei mehr für praktische, konkret erfahrbare Ereignisse der Gegenwart. Intuitive Menschen hingegen suchten vielmehr nach Beziehungen und Bedeutungen, zudem handelten sie vorausschauender.

3. Denken/Fühlen (*Thinking/Feeling*)

Die zweite Grundfunktion trifft Aussagen über die Informationsverarbeitung. Denkenden Persönlichkeitstypen wird hierbei logisches Argumentationsverhalten sowie rationales Denken als Entscheidungsgrundlage attestiert. Im Gegensatz dazu ließen sich fühlende Menschen eher von Emotionen leiten, sowohl den eigenen als auch denen ihrer Mitmenschen.

4. Urteilen/Wahrnehmen (*Judging/Perceiving*)

Die vierte Dimension des MBTI beschreibt die Vorliebe für informationsaufnehmende oder informationsverarbeitende Prozesse. Urteilende Persönlichkeiten seien daran interessiert, die aufgenommenen Informationen möglichst schnell zu einem Produkt zu verarbeiten, d. h. ein Ergebnis zu erzielen, wohingegen der vermehrt wahrnehmende Typ stets für ergänzende Informationen offen bliebe und mitunter Schwierigkeiten habe, eine Sache zum Abschluss zu bringen.

Der MBTI, ein Selbsteinschätzungsfragebogen, unterscheidet sich in einem Punkt wesentlich von Instrumentarien anderer auf diese Erhebungsmethode gestützte Stilkonzepte: Eine Vorliebe für eine der beiden Ausprägungen wird mit *forced choice*[25]-Fragen gewissermaßen *erzwungen*, ein Umstand, der für

---

[25] *forced choice*-Fragen bieten Proband/innen im Gegensatz zu mehrstufigen Skalen nur zwei Antwortmöglichkeiten und lassen daher keine Aussage über den Grad einer bestimmten Ausprägung zu.

Kritiker/innen des MBTI eine willkommene Angriffsfläche bietet. Die Fragen sind so konstruiert, dass die jeweilige Antwort zwangsläufig einem der beiden Extreme entspricht. Zwar ist damit die Bipolariät der Dimensionen scheinbar gegeben, es handelt sich jedoch nicht um ein Kontinuum, das unterschiedlich starke Ausprägungen eines Merkmals erfassen kann.

Die zentrale Stellung des MBTI-Modells bezüglich der postulierten Flexibilität stilprägender Attribute (siehe Abb. 3) ergibt sich aus dem konzeptuellen Ansatz, dass die Persönlichkeitsstrukturen zwar nicht als situativ anpassungsfähig, jedoch als langfristig entwicklungsfähig angesehen werden. Diese Entwicklungsfähigkeit findet Ausdruck in den Begriffen *type dynamics* sowie *type development* (vgl. Myers & Kirby 1994).

Die Augenscheinvalidität des MBTI wird generell positiv bewertet, die Konstruktvalidität hingegen wird häufig (vgl. beispielhaft McCrae & Costa 1989) bezweifelt: Kern der Kritik ist die Annahme einer Bipolarität der vier Dimensionen. Demnach gebe es empirisch gestützte Hinweise darauf, dass die Mehrheit getesteter Personen sowohl Eigenschaften der einen als auch der anderen Ausprägung einer Dimension in sich vereinten. Eine Darstellung solcher Mischtypen lässt der MBTI allerdings nicht zu. Damit einhergehend kommt Boyle (1995:2) zu folgendem Schluss: „In view of these serious limitations, routine use of the MBTI is not recommended [...]."

Im Hinblick auf eine Verwertung der vier im MBTI behandelten Variablen für die stilbezogene Fremdsprachenforschung wird insbesondere das Konzept der Extraversion/Introversion ausführlicher betrachtet. Skehan (1989:101f) arbeitet diesbezügliche Untersuchungen systematisch auf, mit dem Ziel, die nachfolgend dargestellten, theoretisch abgeleiteten Implikationen für das Fremdsprachenlernen zu prüfen. Demnach sei ausgeprägte Extraversion für den spezifischen Bereich des Sprachenlernens vorteilhaft: Sie symbolisiere Geselligkeit, Kommunikationsfreude und eine damit einhergehende Neigung, sich im Unterricht stärker mündlich zu beteiligen und schließlich auch außerhalb des Klassenzimmers Sprechanlässe verhältnismäßig öfter zu nutzen - ein für erfolgreiches Fremdsprachenlernen wesentlicher Faktor. Diese Prognose kontrastiere die Vermutung, dass Introversion, bezogen auf allgemeine Lernvorgänge[26], als erfolgsversprechender angesehen werde, wobei er sich auf die Arbeit von Entwistle und Entwistle (1970) beruft. Er kommt zu der zwischenzeitlichen Einschätzung, es gebe „something of a conflict between *general* learning predictions in this area, and *language* learning predictions." (Skehan 1989:101).

Ein grundlegendes Defizit Skehans Vermutung ist m. E. jedoch die Bezugnahme auf Eysencks (1965) Verständnis von Extra- und Introversion, das stark von der oben abgegrenzten, alltagssprachlichen Verwendung dieser Begriffe geprägt ist. Diesem Vorbehalt entspricht folgende, nach Durchsicht entsprechender empirischer Arbeiten geäußerte Erkenntnis Skehans (1989:104f):

> „As a result, we may need to accept that extroversion and introversion each have their positive features, and that an extreme either way is likely to work against some aspects of target-language development."

Auch Brown (1987:109f) warnt ausdrücklich vor einer Stereotypisierung extravertierter Lerner/innen als gesprächig und impulsiv. Zudem seien, selbst unter der Annahme eines Zusammenhangs zwischen Extraversion und größerer kommunikativer Kompetenz, andere Fertigkeiten (Hören, Lesen, Schreiben) mitverantwortlich für den Sprachlernerfolg, deren aussichtsreichere Bewältigung im Zuge einer dergestalt simplifizierten Hypothese introvertierten Lernertypen zugeschrieben werden müsse. Brown unterstreicht seinen Vorbehalt mit dem Bezug auf Busch (1982), die im Rahmen einer Studie zum Sprachlernerfolg japanischer Englischlerner/innen einen signifikanten Qualitätsunterschied zugunsten Introvertierter im Bereich der Aussprache verzeichnete.

Bezüglich der verbleibenden Stildimensionen des MBTI sind v. a. zwei fremdsprachenbasierte Studien von Bedeutung. Moody (1988:391) vermutet im Zuge seiner mit 491 amerikanischen Studierenden durchgeführten Untersuchung vorab:

> „Since language involves the manipulation of words, symbols, and abstractions, we would expect language study to attract more Intuitive types than Sensing types. To the extent that language learning involves abstract rules and logical analysis, one is more likely to find more Think-

---

[26] Skehan (1989:101) unterscheidet hier zwischen „[...] *language* learning (as distinct from general, content-oriented learning) [...].".

ing types than Feeling types populating language classrooms. No predictions are made concerning Extraversion-Introversion and Judging-Perception."

Tatsächlich wird diese Annahme, d. h. eine große Mehrheit *intuitiver* Lerner/innen, für diejenigen bestätigt, die eine Fremdsprache im Hauptfach studierten. Diese erfreuten sich an der Komplexität abstrakter Vokabeln und Symbole und bevorzugten Lernumgebungen, die die Freiheit zur Suche nach eigenen Lösungswegen zuließen. Die Anwendung grammatischer Regeln bereite ihnen keine Schwierigkeiten.

Hingegen stellen sich die Ergebnisse fremdsprachenlernender Wirtschaftsstudierender anders dar: Sie bevorzugten konkrete Unterrichtsinhalte und praktische Anwendungen, die möglichst variabel aufbereitet sein sollten. Diese *sinnesorientierten* Lernertypen wünschten simple Transferaufgaben wie beispielsweise Einsetzübungen, *pattern drills*[27] oder Arbeiten mit einem *workbook*. Sie seien jedoch mitunter z. B. mit Übersetzungen oder dem korrekten Gebrauch des Konjunktivs überfordert.

In Bezug auf die Unterscheidung zwischen vorzugsweise *denkenden* und eher *fühlenden* Sprachenlerner/innen ergab die Untersuchung ein sehr ausgeglichenes Bild. Moody beschreibt Denktypen als kritisch und sachlich orientiert, mit einem ausgeprägten Wunsch nach Korrektur ihres sprachlichen Outputs und regelbasierter Begründung derer. Fühltypen tendierten dazu, Berichtigungen persönlich zu nehmen. Sie bevorzugten i. A. das Lernen mit Anderen, z. B. in Form einer Partnerarbeit.

Exemplarisch für die Dimension Urteilen/Wahrnehmen im Zusammenhang mit Fremdsprachenlernen, wobei die Erkenntnisse diesbezüglich eine ähnlich ausgewogene Verteilung nahe legten, sei die Neigung, sich an Vorgaben der Lehrkraft und die gegebene Struktur von Unterrichtsmaterial zu halten und klare zeitliche Restriktionen vorzuziehen (*urteilende* Lerner/innen) oder aber ein Verlangen nach zeitlicher und inhaltlicher Flexibilität, z. B. der unerwartete Besuch eines Muttersprachlers/einer Muttersprachlerin im Unterricht (*wahrnehmende* Lerner/innen, vgl. Moody 1988: 398).

---

[27] das Üben von sprachlichen Strukturen und Wendungen durch Wiederholungen in unterschiedlichen, aber sich gleichenden Situationen (Def. nach Sociolexikon, Lang 2007).

Oxford und Anderson (1995:207) stellen einen Bezug letztgenannter Dimension zur Ambiguitätstoleranz (vgl. Kap. 3.2.6.2) her, wonach urteilende Lernertypen Gefahr liefen, aufgrund ihrer ambiguitätsintoleranten Arbeitsweise voreilige Schlüsse bezüglich grammatischer Regeln oder verständnisorientierter Textarbeiten zu ziehen.

Oxford und Ehrman (1990) greifen das MBTI in einer Studie auf, die sich mit bevorzugten Lern- und Lehrstilen einer zwanzigköpfigen Sprachlerngruppe im *Foreign Service Institute* beschäftigt. Sie stellen fest, dass sinnesgeleitete Lerner/innen auf Strategien des Merkens zurück griffen und dabei z. B. Karteikarten, farbliche Markierungen oder reines Auswendiglernen präferierten. Die Bedeutung abstrakter Konzepte könnten sie sich besser über den Weg konkretisierender Metaphern merken, z. B. den Vergleich des Sprachenlernens mit Bodybuilding oder der langsame Aufbau eines grammatischen Systems mit dem stückweisen Montieren einer Maschine (Oxford & Ehrman 1990:319).

Intuitive Lerner/innen verließen sich oft auf ihre Interpretation eines Sachverhalts aus dem Kontext heraus. Sie seien experimentierfreudig und schnell gelangweilt von monotonen Drillübungen. Sie sprächen darüber hinaus auf verschiedenartige Lehrmethoden an.

Hinsichtlich differierender Lernstrategien von Denk- und Fühltypen berichten Ehrman und Oxford von gravierenden Gegensätzen. Demnach äußerten Denktypen eine Vorliebe für fast ausschließlich kognitive Strategien des logischen Analysierens. Weiterhin seien soziale Isolation, unpersönliche Urteile über Kommiliton/innen, Lehrkräfte und Unterrichtsbedingungen sowie geringe Harmoniebedürftigkeit charakteristisch. Neben den jeweils konträren Ausprägungen vorstehender Merkmale seien Fühltypen besonders an kulturellen Hintergründen der Zielsprache interessiert (vgl. Oxford & Ehrman 1990:320f).

Äußerungen bezüglich der Variable Urteilen/Wahrnehmen decken sich weitestgehend mit o. g. Ausprägungen. Von Interesse ist jedoch, dass die Auswertung der spezifischen Lerngruppe einen Anteil urteilender Lerner/innen von 70 Prozent ergab, was die Annahme nährt, dass Fremdsprachenlerner/innen ein überdurchschnittliches Interesse an straff durchstrukturiertem Unterricht haben könnten.

Welche konzeptuellen Grundlagen des *Myers-Briggs-Typenindikator* können abschließend als für den Fremdsprachenunterricht ertragreich angesehen werden?

Eine vielerorts postulierte prinzipielle Beziehung zwischen Extraversion und größerer kommunikativer Kompetenz ist nicht empirisch belegt. Bedenkt man die Abwesenheit eines Korrelats hinsichtlich einer vermuteten Bereichsüberlegenheit introvertierter Lerner/innen, so ist eine derartige Beurteilung auch nicht wünschenswert, erhebt sie doch die Extraversion zur notwendigen Prämisse erfolgreichen Fremdsprachenlernens. Vielmehr kann diese Dimension u. a. als begrifflicher Unterbau für die Beschreibung präferierter Arbeitsformen dienen. Während Extravertierte mit spontanen, gruppenorientierten Aufgabenstellungen gut zurecht kommen, brauchen Introvertierte Zeit für selbstbezogenes Arbeiten, bevor sie sich in einer Lerngruppe produktiv einbringen können. Andererseits sind Extravertierte ggf. damit überfordert, sich in einer Stillarbeitsphase zunächst alleine mit einer Aufgabe auseinanderzusetzen. Ein diesbezügliches Bewusstsein kann dem stilorientierten Fremdsprachenunterricht zuträglich sein.

Die Stildimensionen Fühlen/Denken und Sinneswahrnehmung/Intuition weisen starke inhaltliche Parallelen zu anderen, bereits besprochenen Konzepten auf: Die beschriebenen Ausprägungen fühlender bzw. denkender Lerner/innen ähneln denen der eher impulsiv oder reflexiv ausgerichteten Lernertypen. Sinnesgeleitete bzw. intuitive Lerner/innen zeigen analog zu Gregorcs Variable konkret/abstrakt entweder eine Bevorzugung anschaulicher und gegenständlicher Unterrichtsmaterialien, wie beispielsweise Vokabelkarten, oder neigen zu einer theoriegeleiteten Denkweise, z. B. die eigenständige Formulierung grammatischer Prinzipien. Demzufolge wäre eine begriffliche Einigung im Zusammenhang mit Sprachlernstilen zweckmäßig, einer grundsätzlichen Relevanz des Konstrukts für Sprachlernprozesse kann an dieser Stelle vorbehaltlos zugestimmt werden.

Letzteres gilt m. E. nur bedingt für die Einteilung in urteilende und wahrnehmende Lerner/innen. Zunächst ist die Begriffswahl bezüglich der zu beschreibenden Lernvorlieben wenig aufschlussreich[28], zudem beziehen sich die unter dieser Kategorie abgehandelten Neigungen auf sehr allgemeine Bereiche des Lernens. Eine explizit bereichsspezifische Bedeutung ist daher nicht ersichtlich und beschränkt sich auch in der einschlägigen Literatur auf den wiederholten Bezug zur später zu thematisierenden Ambiguitätstoleranz.

3.2.4 Lernstile sind flexible, aber dennoch solide Lernvorlieben – Kolbs *Experiential Learning Theory*

Mit der vierten Konzeptfamilie, deren inhaltlicher Schwerpunkt maßgeblich von der Arbeit David Kolbs diktiert wurde, bewegen wir uns innerhalb des Konzeptkontinuums in Richtung jener Modelle, die Lernstile weniger als schwer veränderbare Persönlichkeitsmerkmale, sondern vielmehr als wandlungsfähige Präferenzen begreifen. Dabei liegt dieser Gruppe zumindest noch die Annahme zugrunde, dass ein entsprechender Lernstil in Form seiner konstituierenden Merkmale zeitlich relativ überdauernd ist und nur graduell Korrekturen erfährt oder gar vollständig zugunsten eines anders gearteten Stils verblasst. Für Kolb beschreibt der Begriff Lernstil eine „differential preference for learning, which changes slightly from situation to situation. At the same time, there's some long-term stability in learning style." (Kolb 2000:8).

Kolbs Werk gilt nicht nur innerhalb der an dieser Stelle besprochenen Gruppe, sondern bezüglich der Lernstilforschung i. A. als richtungsweisend. Seine 1984 veröffentlichte Theorie des Erfahrungslernens hat die Konzepte anderer Autor/innen[29] tief greifend beeinflusst. Er vertritt die Hypothese eines vierstufigen Lernzyklus, wobei Individuen mit manchen Stufen seiner Auffassung nach besser zurecht kommen als mit anderen. Darüber hinaus versteht er Lernen als kontinuierlichen, interaktiven Prozess. Die vier Phasen des Erfahrungslernens werden wie folgt beschrieben:

---

[28] Eine Ausnahme bieten diesbezüglich Oxford und Anderson (1995:207), die mit den Begriffen abschlussorientiert und offen (*closure-oriented/open*) zumindest eine m. E. treffendere Überschrift wählen.
[29] Vgl. beispielhaft Honey & Mumford 1992.

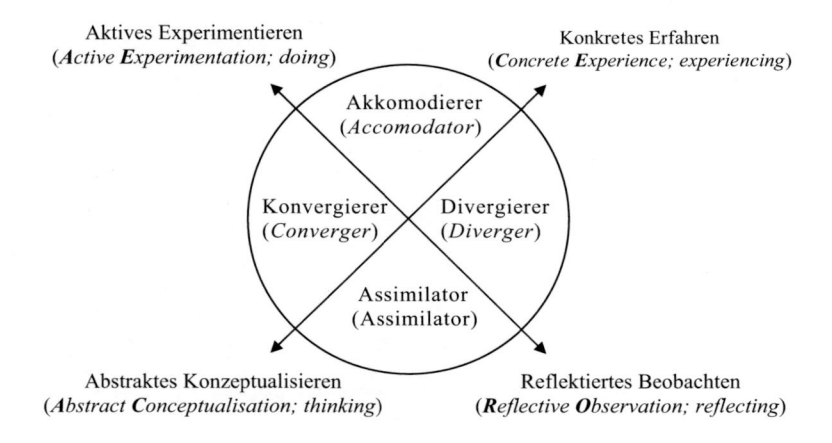

```
        Aktives Experimentieren                    Konkretes Erfahren
      (Active Experimentation; doing)          (Concrete Experience; experiencing)
                            Akkomodierer
                            (Accomodator)

                   Konvergierer    Divergierer
                   (Converger)     (Diverger)

                             Assimilator
                             (Assimilator)

      Abstraktes Konzeptualisieren              Reflektiertes Beobachten
   (Abstract Conceptualisation; thinking)    (Reflective Observation; reflecting)
```

Abb. 5: Kolbs *Learning Cycle* und Lernertypen (eigene Darstellung nach Kolb 1984)

Diese vier Lernorientierungen bilden zwei orthogonale, bipolare Lernstildimensionen. Die erste Dimension beschreibt die Erfassung von Informationen durch Erfahrung und setzt sich aus der Achse CE-AC zusammen, wobei *apprehension* für konkretes Erfahren und *comprehension* für abstraktes Konzeptualisieren steht. Die zweite Dimension beschreibt die Transformation, d. h. die Verarbeitung der zuvor aufgenommenen Informationen entlang der Achse AE-RO. Die jeweiligen Positionen auf den Achsen erfassen, miteinander verbunden, eine der vier Teilflächen des Kreismodells, die wiederum einem der vier von Kolb beschriebenen Lernstile entsprechen. Konvergierer/innen nutzten abstrakte Konzeptualisierungen zum Zwecke des aktiven Experimentierens, so Kolb. Sie handelten auf der Grundlage voraus schauender Strategien. Divergierer/innen kombinierten die reflektierte Beobachtung mit konkreter Erfahrung und kämen auf diese Weise oft auf kreative Lösungen. Diese Kreativität werde ihnen angesichts ihrer Neigung, unterschiedliche Lernstrategien zur Lösung von Problemen einzubeziehen, zugesprochen. Assimilator/innen seien vorwiegend damit beschäftigt, ihre Beobachtungen deuten zu wollen. Sie seien weniger an praktischen Lösungen als vielmehr an der Verfeinerung abstrakter Ideen interessiert. Die Kombination aus aktivem Experimentieren und konkreter Erfahrung begründe schließlich eine Vorliebe für praxisorientiertes Lernen unter Akkomodierer/innen. Ihnen werde eine Tendenz zu sofortigem Handeln und situative Anpassungsfähigkeit nachgesagt (vgl. Cassidy 2004:431).

Es sei noch einmal betont, dass Lernstile für Kolb keine fixen oder gar - wie von Gregorc vermutet – *gottgegebenen* (vgl. Hall & Moseley 2005) Wesenszüge des Menschen sind, sondern lediglich eine im Laufe der Zeit entwickelte Präferenz für eine mehr oder minder starke Ausprägung hinsichtlich der lernstilprägenden Dimensionen abstrakt/konkret sowie aktiv/reflektiv. Lerner/innen bleibt demnach immer die Wahl:

„Each dimension of the learning process presents us with a choice. Since it is virtually impossible, for example, to simultaneously drive a car (Concrete Experience) and analyze a driver's manual about the car's functioning (Abstract Conceptualization), we resolve the conflict by choosing. Because of our hereditary equipment, our particular past life experiences, and the demands of our present environment, we develop a preferred way of choosing. We resolve the conflict between concrete or abstract and between active or reflective in some patterned, characteristic ways. We call these patterned ways 'learning styles.'" (Kolb & Boyatis 2001:231)

Die Bestimmung der Lernstile erfolgt über das von Kolb entwickelte, mittlerweile in seiner dritten, aktualisierten Version veröffentlichte *Learning Style Inventory* (*LSI*). Seit der zweiten Version umfasst der Fragebogen zwölf Items, im Rahmen derer die Versuchspersonen vier den jeweiligen Lernmodi (*experiencing, reflecting, thinking, doing*) entsprechende Satzenden in eine Rangfolge bringen sollen (vgl. Kolb & Kolb 2005:10). Dabei kommt ebenfalls das im vorherigen Abschnitt besprochene *forced choice*-Antwortformat zum Einsatz. Der Grund hierfür sei die Tatsache, dass die Theorie des Erfahrungslernens den Grundsatz vertrete, Lernen erfordere die Lösung von Konflikten zwischen voneinander abhängigen Lernmethoden. Das Erhebungsinstrument solle einen ähnlichen Prozess der Konfliktlösung widerspiegeln, eine Forderung, der mit der Wahl dieses Antwortformats entsprochen sei (vgl. ebd.).

In ihrer Auswertung von 1004 mit dem LSI befassten Studien kommen Coffield et al. (2004:61ff) verständlicherweise zu keinem eindeutigen Schluss. Sowohl bezüglich der Validität als auch im Hinblick auf die Reliabilität gebe es langatmige, im Rahmen des wissenschaftlichen Diskurses ausgebreitete Hinweise auf eine defizitäre Konstruktvalidität. Hingegen berichteten andere

Autor/innen von Verbesserungen, die mit den Aktualisierungen des LSI einhergegangen seien. Eine umfassende Bewertung der jüngsten Version stehe unterdessen noch aus.

Kohonen (1990:34) unternimmt den wohl umfassendsten Versuch einer Übertragung des Kolbschen Konzepts auf das Fremdsprachenlernen:

> „Experiential foreign language learning is seen as an effort to foster the development of the learner both as a person and as a language user and learner, thereby supporting both his personal, social and cognitive development. From the point of view of personal growth, experiential learning aims to support the development of the learner's personality by increasing, partly through the medium of the foreign language, his awareness of his own values and ways of categorizing the world, thereby helping him to arrive at a better understanding of himself and the rest of the world."

Kohonen misst dem erfahrungsbasierten Fremdsprachenlernen also einen hohen persönlichen Bildungswert bei, wobei deutlich wird, dass für ihn weniger die von Kolb beschriebenen Lernstile (konvergierend, assimilierend, divergierend, akkomodierend), als vielmehr die den Zyklus des Lernens konstituierenden Phasen und die ihnen zugrunde liegenden Lernstildimensionen im Vordergrund stehen. Er stellt hierzu nachfolgende, im Übrigen rein theoriegeleiteten, Überlegungen an: Die Dimension des konkreten oder abstrakten Erfassens von Informationen sei vergleichbar mit der Unterscheidung zwischen *prozeduralem* und *deklarativem Wissen*[30]. Ersteres sei unmittelbar verfügbares, intuitives Wissen um korrekte Sprachverwendung, z. B. die Beherrschung bestimmter Sprichwörter, Aphorismen oder Textauszüge eines bekannten Liedes, welche auswendig gelernt werden könnten, ohne grundlegende linguistische Strukturen zu kennen. Zweiteres die bewusste Kenntnis übergeordneter Regeln einer Sprache, wobei Kohonen die wesentlichen Bestandteile deklarativen Wissens weiterführend als grammatische, diskursbezogene, funktionale sowie soziolinguistische Kompetenz beschreibt (vgl. Kohonen 1990:26ff).

Kolbs aktive bzw. reflektive Transformation besetzt Kohonen mit bipolaren Ausprägungen sprachstrategischer Kompetenz. Eine reflektive Verarbeitung äußere sich in Form reduktiver (*reductive*), risikomeidender Strategien. Hierzu zählten u. a. das Vermeiden schwieriger phonologischer und morphologischer Konstrukte oder die Simplifizierung syntaktischer Strukturen. Funktio-

---

[30] Zur Theorie deklarativen und prozeduralen Wissens vgl. z. B. Anderson (1983).

nale Reduktionsstrategien seien beispielsweise zu beobachten, wenn Fremdsprachenlerner/innen schwierigen Gesprächsthemen auswichen und somit eine kommunikative Resignationshaltung einnähmen. Demgegenüber gebrauchten aktiv verarbeitende Lerner/innen Ergebnisstrategien (*achievement strategies*), die von größerer Risikofreude gekennzeichnet und auf die Erreichung kommunikativer Absichten ausgerichtet seien. Typische, bisweilen kompensatorische Strategien seien das Entlehnen von Elementen anderer Sprachen (*codeswitching*), wörtliche Übersetzungen, Paraphrasierungen (z. B. *things like apples and bananas* für *fruit*) oder nonverbale Kommunikationsmittel wie Mimik, Gestik und Geräusche (vgl. ebd.).

Auf Grundlage dieser für die Entwicklung kommunikativer Kompetenz als essentiell erachteten Komponenten, deren Ausprägung anhand der vorgenommenen Adaption als zweidimensionaler Sprachlernstil erfasst werden könnte[31], äußert sich Kohonen darüber hinaus zu einer das Phasenmodell berücksichtigenden Grammatikvermittlung vor dem Hintergrund einer Progression von implizitem zu explizitem Regelwissen.

Demnach würden die Lerner/innen zunächst mit neuem Sprachmaterial in einem natürlichen Kontext konfrontiert. Regeln würden auf dieser Stufe nicht benannt bzw. formal erklärt, sondern lediglich Wortbedeutungen in der Muttersprache bereitgestellt, sodass durch die Konzentration auf lexikalische Einheiten der Erstspracherwerb simuliert würde (*Konkrete Erfahrung*). Lerner/innen beobachteten und reflektierten in einem nächsten Schritt diesen natürlichen Input, würden sich linguistischer Formen bewusst und formulierten u. U. eigene implizite Regeln (*Reflektiertes Beobachten*). Erst wenn ausreichendes Sprachmaterial zur Verfügung gestellt worden sei, erfolge die formale Präsentation der Regeln durch die Lehrkraft, woraufhin in Verbindung mit den zuvor gemachten Beobachtungen ein explizites Verständnis erreicht würde (*Abstrakte Konzeptualisierung*). In einem letzten Schritt automatisierten die Lerner/innen die Anwendung der Regeln auf einen neuen Kontext (*Aktives Experimentieren*, vgl. Kohonen 1990:37f).

---

[31] Ein entsprechendes Erhebungsinstrument bleibt Kohonen, wie oben mit dem Verweis auf die ausschließlich theoretische Fundierung des Konzepts bereits angedeutet, schuldig.

Lernphasen und Lernstile stehen also in wechselwirksamer Beziehung zueinander: Die individuellen Stilkombinationen hinsichtlich der Achsen prozedurales und deklaratives Wissen (konkret/abstrakt) einerseits sowie risikofreudiger und risikomeidender Kommunikationsstrategien (aktiv/reflektiv) andererseits haben einen Informationswert hinsichtlich der bevorzugten und das individuelle Sprachprofil prägenden Lernphase. So wäre beispielsweise anzunehmen, dass ein/eine deklarativ-risikomeidende/r (abstrakt-reflektive/r) Fremdsprachenlerner/in grammatische Regeln explizit äußern kann, jedoch Probleme im Bereich der sprachlichen Flüssigkeit aufweist. Die Fokussierung bestimmter Lernphasen in Form entsprechender Unterrichtsplanungen kann wiederum dazu dienen, Lernstile aus gegebenem Anlass (z. B. motivationale Hintergründe) zu bedienen oder rudimentär vorhandene Ausprägungen bewusst zu fördern[32].

Schulz-Wendler (2001:119ff) nennt noch einige weitere fremdsprachenbezogene Arbeiten, die sich mit Kolbs Erfahrungstheorie beschäftigen. Diese könnten hinsichtlich ihrer Konzentration auf das zyklische Phasenmodell bzw. einer damit verbundenen Forderung unterrichtspraktischer Sensibilisierung (Harthill & Busch 1998; Violand-Sanchez 1995) und einer darüber hinaus gehenden Einbeziehung der Lernstile (Torkelson 1995) unterschieden werden. Zudem schenkt sie der Arbeit Willings (1988) erhöhte Aufmerksamkeit, der auf Grundlage Kolbs Ideen einen Fragebogen zur Erhebung spezifischer Sprachlernstile entwickelt hat. Gemäß den Ausprägungen seiner Stildimensionen abstrakt/konkret und aktiv/*passiv* unterscheidet Willing zwischen einem kommunikativen, einem konkreten, einem autoritätsorientierten und einem analytischen Sprachlernstil. Schulz-Wendler (2001:124) kommt jedoch zu dem Ergebnis, dass „Willings Ansatz sowohl theoretische als auch methodologische Mängel aufweist, die eine Wiederaufnahme seiner Arbeit nur wenig vielversprechend erscheinen lassen."

Neben den von Kolb konzeptualisierten Stildimensionen abstrakt/konkret und aktiv/reflektiv, deren inhaltliche Beschreibung insbesondere bezüglich spezi-

---

[32] Vgl. hierzu die eingangs thematisierte Stellung Kolbs Modell innerhalb der gewählten Klassifizierung nach Coffield et al. (2004), die eine solche Lernstilbeeinflussung ausdrücklich zuließe.

fischer Lernstrategien jedoch sehr viel ergiebiger von anderen Autor/innen vorangetrieben wurde[33], muss das theoretische Konstrukt der vier spiralförmig miteinander in Beziehung stehenden Lernphasen als einflussreich und bezüglich seiner potenziellen Relevanz für das Fremdsprachenlernen gewinnbringend eingestuft werden. Ein dementsprechend interessanter Ansatz von Kohonen wurde in diesem Abschnitt näher beleuchtet, der jedoch in forschungs- und unterrichtspraktischer Hinsicht aufgrund eines fehlenden Erhebungsverfahrens nur eingeschränkt nützlich ist, nämlich bezüglich der zwar nur hypothetisierten, jedoch plausibel wirkenden Übertragung der ursprünglichen Stildimensionen auf die für den fremdsprachlichen Lernerfolg relevanten Faktoren prozedurales/deklaratives Wissen sowie bevorzugte Kommunikationsstrategien.

3.2.5 Lernorientierungen, -einstellungen und -strategien als konstitutive Größen von Lernstilen am Beispiel Entwistles

Vertreter der letzten Konzeptfamilie betrachten Lernstile differenzierter: Der Begriff *Stil* gibt für sie bisweilen einen zu festen Rahmen vor, infolge dessen Lehr-Lernhandlungen auf die Anpassung der Unterrichtsbedingungen bzw. der Lerner/innen angewiesen seien. Zudem werde das Konstrukt des Lernstils stellenweise überbewertet:

> „[The phrases 'learning style' and 'personality differences'; d. Verf.] almost always create a kind of short-term, local excitement, but they tend to exaggerate the correlations between individual personality types and cognitive engagement." (Rhem 1995:1)

Autor/innen dieser Gruppe versuchen ein umfassenderes Bild vom Lernen darzustellen, indem sie die motivationalen und kontextuellen Faktoren von spezifischen Lernsituationen beschreiben. Es ist diese Spezifität jeweils originärer Lernarrangements, die diese Modelle als flexibel bezüglich der angenommenen Beständigkeit stilrelevanter Merkmale charakterisiert.

Stellvertretend für Forscher/innen dieser Richtung sollen in diesem Abschnitt die Arbeiten Noel Entwistles betrachtet werden, dessen Konzept zwar auf den

---

[33] Vgl. hierzu Kap. 3.2.1.1 hinsichtlich Gregorcs Auffassung der Dimension abstrakt/konkret sowie inhaltliche Parallelen der Dimensionen aktiv/reflektiv und impulsiv/reflexiv nach Dunn und Dunn (Kap. 3.2.2.2).

Gedanken anderer Autor/innen fußt[34], der jedoch hinsichtlich seiner Interpretation thematisierter Dimensionen des Lernens sowie aufgrund seiner langjährigen Forschungstätigkeit als tonangebend angesehen werden muss. Dabei beschränkt sich der Fokus seines Werks allerdings auf die Untersuchung von erwachsenen Lerner/innen, eine vermutlich notwendige Reduzierung angesichts des unerlässlichen Maßes an Reflektionsvermögen, das für aufschlussreiche Erkenntnisse als Ergebnis selbstevaluierender Analysen vorauszusetzen ist. Die Bedeutung der i. F. dargestellten Punkte für die stilbezogene Fremdsprachenforschung rechtfertigt dessen ungeachtet eine eingehendere Beschreibung an dieser Stelle.

Während bisher vorgestellte Konzepte den Begriff des Lernstils verwendeten, unterscheidet Entwistle zwischen verschiedenen Lern*ansätzen*[35] (*approaches to learning*). Diese setzten sich aus überwiegend situativ anpassungs-, zumindest jedoch langfristig entwicklungsfähigen Komponenten zusammen:

1. Ausbildungsorientierungen (*educational orientations*)

    Dieses Kriterium erfasst den primären Zweck, den Lerner/innen einem Lerngegenstand zugrunde legen. Es wird unterschieden zwischen wissenschaftlichem Interesse (*academic*), Karriere *(vocational)*, Persönlichkeitsentwicklung (*personal*) und sozialen Beweggründen (*social*).

2. Extrinsische und intrinsische Motivation (*extrinsic and intrinsic motivation*)

    Dieser Faktor bezieht den Motivationshintergrund einer Lernsituation mit ein, d. h. ob die Motivation, bestimmte Informationen zu lernen, dem Lerner/der Lernerin immanent ist oder ob äußere Einflussgrößen diese bestimmen, z. B. die Lehrkraft, Erwartungen der Eltern etc.

3. Lernkonzeptionen (*conceptions of learning*)

    Lerner/innen durchlaufen idealerweise einen Prozess hinsichtlich der individuellen Auffassung vom Lernen: Beispielsweise betrachteten manche unerfahrenen Lerner/innen Lernvorgänge ggf. als Anhäufung von Wissen bzw. Faktenerwerb, während fortgeschrittene Lerner/innen

---

[34] Das Forschungsinteresse Entwistles basiert maßgeblich auf den theoretischen Beiträgen von Marton und Säljö (1976), Pask (1976) und Schmeck (1981).
[35] Vgl. auch Schmecks Auffassung des Begriffes *approach* in Kap. 2.2.

bereits erkennen könnten, dass Lernen das Abstrahieren von Bedeutungen einschließe und dass Realitätsverständnis auf Interpretationen basiere (vgl. Entwistle 1990; zit. n. Coffield et al. 2004:93).

Als Ergebnis einer jeweils individuellen Mischung dieser Parameter ergeben sich für Entwistle verschiedene Lernansätze, die wiederum von Lerner/innen variabel, d. h. abhängig von kontextuellen Bedingungen wie Anforderungen, Arbeitsbelastung, Lehrmethoden etc. verkörpert werden. Diese Ansätze können - ähnlich wie Stildimensionen – als bipolar angelegt und innerhalb eines Kontinuums als graduell profiliert betrachtet werden:

|————————————————————————————|

Deep   Surface
Approach   Approach

Abb. 6: Lernansätze nach Entwistle (eigene Darstellung)

Die nachfolgende Charakterisierung bezieht sich einmal mehr auf die Extremausprägungen der Achsenendpunkte. Dabei sollte immer im Auge behalten werden, dass die meisten Lerner/innen einen Mischansatz aufweisen, der, ähnlich einer Normalverteilung, im Bereich der Achsenmitte verortet ist.

1. Tiefer Lernansatz (*deep approach to learning*)

    Lerner/innen, die diesen tiefen Ansatz verfolgen, wollen sich eingehend mit der Sache auseinandersetzen, um zu einem umfassenden Verständnis zu gelangen. Sie beschäftigen sich aktiv und energisch mit dem Inhalt und suchen nach Beweisen für eigene Beurteilungen und zum Zwecke des kritischen Hinterfragens. Dabei beziehen sie möglichst viele Positionen in ihre Bewertungen mit ein und setzen diese miteinander in Beziehung. Ihre Motivation entstammt einem tief greifenden Interesse für das Thema und sie prüfen dessen Relevanz für ihre eigene Lebenswelt. Sie tendieren weiterhin dazu, mehr zu leisten als die Anforderungen vorgeben.

2. Oberflächlicher Lernansatz (*surface approach to learning*)

    Diese Herangehensweise wird denjenigen Lernertypen zugeordnet, deren Motivation nicht dem eigenen Interesse, sondern überwiegend äußeren Faktoren, wie z. B. Versagensangst, entspringt. Lernen ist für sie das Wiederholen und insbesondere das Auswendiglernen von Informationen, die sie im Rahmen von Testsituationen wiedergeben müssen. Sie haben Schwierigkeiten, Beispiele von Prinzipien zu unterscheiden und konzentrieren sich auf Details anstelle einer ganzheitlichen Betrachtung. Darüber hinaus halten sie sich strikt an Vorgaben (vgl. Lublin 2003:3f).

Während diese beiden Ansätze zunächst keiner Wertung unterliegen, da der jeweilige Lernerfolg[36] davon abhängt, welcher Ansatz den Anforderungen einer Aufgabe entgegen kommt, beschreibt eine dritte Herangehensweise ein bezüglich des Lernerfolgs wirtschaftliches und somit vorteilhaftes Verhalten:

3. Strategischer Lernansatz (*strategic approach to learning*)
   Dieser dritte Ansatz beschreibt die auf Effektivität abzielende Haltung von Lerner/innen, sich den entsprechenden Einflussgrößen einer Aufgabe immer wieder neu anzupassen. Dabei steht der Wunsch nach einer guten oder ggf. ausreichenden Note an oberster Stelle. Sie verstehen es, ihre Zeit sowie den nötigen Arbeitsaufwand so einzuteilen, dass sie den größtmöglichen Nutzen daraus ziehen. Beispielhaft sind eine erhöhte Aufmerksamkeit hinsichtlich geäußerter Bewertungskriterien oder die Beschaffung früherer Klausuren, um mögliche Aufgaben prognostizieren zu können (vgl. ebd.).

Zur Bestimmung der entsprechenden Ansätze hat Entwistle seit 1981 verschiedene selbstevaluative Fragebögen entwickelt, die den jeweiligen neuen Erkenntnissen seiner Forschungsarbeit Rechnung tragen sollen. Das *Approaches and Study Skills Inventory for Students* (ASSIST), veröffentlicht 1997, umfasst 66 Items in Form von Aussagesätzen, deren Bewertung und Einordnung in eine Reihenfolge Auskunft über die Einstellungen der Lerner/innen in drei Bereichen geben sollen: *Was ist Lernen?*, *Ansätze des Lernens* und *Vor-*

---

[36] Lernerfolg ist hier i. S. der Erfüllung einer Aufgabe und einer damit einhergehenden bestmöglichen Beurteilung gemeint, nicht hinsichtlich des Wertes für die intellektuelle Entwicklung eines Individuums, der im Zusammenhang mit einer Tiefenverarbeitung m. E. weitaus höher sein muss. Darüber hinaus wird die spätere Diskussion zeigen, dass dem tiefen Lernansatz – aufgabenpraktisch betrachtet – schließlich doch eine prinzipielle Überlegenheit zugesprochen wird.

lieben für verschiedene Arten der Kursorganisation. Insgesamt betrachtet sind Prüfungen zur Validität und Reliabilität offensichtlich überdurchschnittlich positiv ausgefallen, bezüglich der Erhebung *tiefer* Verarbeitungsweisen gibt es allerdings kritische Stimmen (vgl. Coffield et al. 2004:97f).

Die Überschrift dieses Abschnitts macht ebenso wie die von Entwistle gewählte Terminologie deutlich, dass es sich bezüglich einer tiefen bzw. oberflächlichen Verarbeitungsweise nicht um eine Lernstildimension i. S. der zuvor besprochenen Skalen handelt. Vielmehr ist Entwistles Kategorisierungsversuch eine Synopse der von Pask (1976) postulierten Stildimension *serialistisch/holistisch* sowie der von Schmeck (1981) als Lern*orientierungen* erfassten Variablen *Synthese/Analyse, elaborative Verarbeitung, Faktenspeicherung* und *Lernmethoden* (vgl. Rayner & Riding 1997; zit. n. Cassidy 2004:434). Die begriffliche Variationsbreite wird mit der in der Fremdsprachenforschung durchgängig als Lern*strategie* behandelten Tiefenverarbeitung noch erweitert, kann jedoch vor dem Hintergrund der in Kap. 2.2 besprochenen Korrelation zwischen Lernstrategien und Lernstilen m. E. als gegentandsnah im weiteren Sinne betrachtet werden.

Scarcella und Oxford (1992:63) definieren Sprachlernstrategien als

> „specific actions, behaviors, steps, or techniques – such as seeking out conversation partners, or giving oneself encouragement to tackle a difficult language task – used by students to enhance their own learning."

Es wurde bereits darauf hingewiesen, dass bestimmte Lernstrategien - bezogen auf einen spezifischen Lerngegenstand - eine prinzipielle Überlegenheit offenbaren. So wird auch einer tiefen Verarbeitung grundsätzlich die höhere Erfolgsrate zugesprochen, worauf die Arbeiten Schmecks hindeuten (vgl. Schulz-Wendler 2001:104). Infolgedessen schlägt sich dieser tiefe Ansatz in der Vermittlung von Sprachlernstrategien und spezifischen Sprachlerntechniken nieder, so z. B. der *Schlüsselwortmethode*[37], der *Eigensemantisierung* beim Wortschatzerwerb (Robra 2000) oder dem Einsatz von *Eselsbrücken* im Rahmen schwieriger Regeln (vgl. Schulz-Wendler 2001:104f).

---

[37] Die Schlüsselwortmethode (*keyword method*) ist ein mnemotechnisches Verfahren, das einerseits auf die Verknüpfung neuer Informationen mit dem persönlichen Vorwissen und andererseits auf die Prüfung derer für die persönliche Alltagsrelevanz setzt, um effizient und

Einmal mehr befassen sich auch die Forscherinnen Ehrman und Oxford mit der Bedeutung einer tiefen gegenüber einer oberflächlichen Verarbeitung fremdsprachlichen Materials. Ehrman et al. (2003: 317) nennen für ihre Auffassung des *deep processing* Biggs' Modell (1992) als primäre Quelle, der in seinem *Study Processes Questionnaire* in Anlehnung an Schmeck und ähnlich wie Entwistle zwischen drei Strategien unterscheidet: Neben der terminologischen Beibehaltung *deep* und *surface* beschreibt Biggs die bei Entwistle strategisch agierenden Lerner/innen als leistungsorientiert (*achieving*).

Für Ehrman (1996) steht die persönliche Relevanz der zu erlernenden Fremdsprache im Vordergrund, wobei sie sich zu Strategien und Techniken äußert, die der Bestimmung und Entwicklung dieser Relevanz dienlich sein sollen - vornehmlich durch die Verknüpfung neuen Materials mit schon internalisiertem Wissen sowie die Einbindung von Lerninhalten in einen individuell bedeutungsvollen Kontext (vgl. Schulz-Wendler 2001:105).

Es zeigt sich an dieser Stelle der starke faktorielle Einfluss der Motivation bzw. der Einstellung von Lerner/innen gegenüber der Zielsprache – Größen, denen in der Fremdsprachenforschung eine hohe Aufmerksamkeit zuteil wird. Neben der schon erwähnten Unterscheidung zwischen intrinsischer und extrinsischer Motivation, liefert Graham (1984) in Anlehnung an Gardner und Lambert (1972) eine weitere Abgrenzung. Demzufolge könne zwischen *instrumentaler*, *integrativer* und *assimilativer* Motivation von Fremdsprachenlerner/innen differenziert werden. Ersterer lägen zweckdienliche Anreize, z. B. die Notwendigkeit des Spracherwerbs im Rahmen der beruflichen (Weiter-) Bildung, zugrunde. Integrative Motivation beschreibe den Wunsch eines Lerners/einer Lernerin, die jeweilige Sprache als Kommunikationsmittel verwenden zu wollen, mit dem Hintergrund eines Interesses für die Mitglieder und die Kultur(en) einer Sprachgemeinschaft, wobei dies nicht zwingend den direkten Kontakt mit Vertretern dieser Sprachgemeinschaft einschließe. Assimilative Motivation liege schließlich vor, wenn das primäre Ziel des Fremdsprachenlernens darin bestehe, sich vollends mit der Sprachgemeinschaft zu

---

langfristig Vokabeln zu lernen. Zu diesem Zweck gilt das o. g. *dual coding* als besonders erfolgversprechend (vgl. Thomas & Wang 1996:330f).

identifizieren, was erfahrungsgemäß einen zeitlich langen Aufenthalt voraussetze (vgl. Brown 1987:115ff).

Klammert man zunächst den für das primäre Interesse dieser Arbeit am wenigsten relevanten, letztgenannten Motivationshintergrund aus[38], so lassen sich nach Bailey (1986) wiederum verschiedene *Motivationstypen* charakterisieren:

Tab. 2: Motivationstypen nach Bailey (eigene Darstellung, vgl. Brown 1987:117))

	Intrinsisch	Extrinsisch
Integrativ	Fremdsprachenlerner/in interessiert sich für Sprache und Kultur einer Sprachgemeinschaft.	Jemand anders ist daran interessiert, dass der/die Fremdsprachenlerner/in sich für Sprache und Kultur einer Sprachgemeinschaft interessiert.
Instrumental	Fremdsprachenlerner/in verfolgt übergeordnete Ziele, deren Erreichung das Erlernen der Sprache voraussetzt.	Jemand anders möchte, dass der/die Fremdsprachenlerner/in die Sprache zum Zwecke eines übergeordneten Ziels erlernt.

Während ein Zusammenhang zwischen höherer Lernerfolgsrate und intrinsischer Motivation gemeinhin nicht angezweifelt wird, konnten entsprechende Studien keine eindeutigen Belege für Vorteile einer integrativen oder instrumentalen Herangehensweise liefern.

Neben der für eine tiefe Verarbeitung als determinierend erachteten Motivation des Lerners/der Lernerin, konzentriert sich ein weiterer Teilbereich, wie zuvor angedeutet, auf die Beschreibung kognitiver Strategien. Schulz-Wendler (2001:105) sieht in den Ergebnissen einer von Ehrman und Oxford (1995) mit dem von Oxford (1990) entwickelten *Strategy Inventory for Language Learning* (SILL) durchgeführten Untersuchung einen ersten empirischen „Nachweis für einen positiven Einfluss der tief-elaborativen Verarbeitung auf fremdsprachliche Fertigkeiten." Sie begründet dies mit der Übereinstimmung zwi-

---

[38] Hier findet ohnehin die Unterscheidung zwischen Fremd- und Zweitsprache Anwendung, die eine solche Auslassung nahe legt.

schen den von Schmeck postulierten Merkmalen einer tiefen Verarbeitung und den von Ehrman und Oxford hinsichtlich der Erfassung kognitiver Strategien zugrunde gelegten Lernhandlungen (u. a. Verknüpfung mit Vorwissen, Anfertigung von Notizen, Sprachgebrauch in authentischer Umgebung, vgl. Schulz-Wendler 2001:105).

Die vorangegangene Darstellung führt zu den folgenden Erkenntnissen, die gegen eine Berücksichtigung eines tiefen/oberflächlichen Lernansatzes bezüglich fremdsprachenrelevanter Lernstildimensionen sprechen: Das exemplarisch vorgestellte Konstrukt Entwistles subsumiert verschiedene Referenzbereiche, deren inhaltliche Grenzen affektiver und kognitiver Variablen hier vermischt werden. Dabei wird zwar die Forderung bipolar angelegter Variablen weitestgehend erfüllt, jedoch wird, und dies stellt den gewichtigeren Grund für eine Ablehnung als Stildimension dar, die tiefe Verarbeitung als grundsätzlich überlegen angesehen – eine Tatsache, die der Forderung nach Wertneutralität zuwider läuft.

Dennoch soll das m. E. gelungene „Hybridkonzept" als unabhängig betrachtete, *stilprägende Lernstrategie* in den Kanon der bisher besprochenen Stildimensionen aufgenommen werden. Hierfür spricht neben dem der Stilforschung zuzuordnenden konzeptuellen Ursprung die hinlängliche Erwähnung des Modells sowohl in der allgemeinen als auch der fremdsprachenspezifischen, auf die Erforschung von Lernstilen gerichteten Literatur.

3.2.6 Weitere Einflussgrößen im Fokus der Fremdsprachendidaktik

Die Auswahl bisher vor dem Hintergrund ihrer Übertragung auf den Fremdsprachenunterricht vorgestellter Lernstilkonzepte wird im folgenden Abschnitt noch um zwei Dimensionen erweitert, deren theoretische Konzeption zwar nicht Teil eines in sich geschlossenen Lernstilkonstrukts ist, jedoch im Kontext stilbezogener Fremdsprachenforschung wiederholt Erwähnung gefunden hat. Diese Ergänzung trägt m. E. vervollständigend dazu bei, ein in Kap. 3.3 folgendes, abschließendes Resümee i. S. einer inhaltlichen Verdichtung sich partiell überlappender Stildimensionen vornehmen zu können, das daraufhin als theoretisches Fundament für die Diskussion sich ergebender unterrichtspraktischer Konsequenzen dienen kann.

3.2.6.1 Ambiguitätstoleranz/-intoleranz

Die Konzeption *ambiguitätstoleranter* bzw. *ambiguitätsintoleranter* Persönlichkeitsmerkmale ist Untersuchungsgegenstand der Psychologie und beschreibt den Grad einer individuellen Neigung zu unvoreingenommener Informationsaufnahme. Budner (1962:29) definiert Ambiguitätstoleranz als Tendenz, mehrdeutige Situationen als wünschenswert (*desirable*) zu erachten, wohingegen Ambiguitätsintoleranz die Einstufung solcher Situationen als Quelle der Bedrohung (*sources of threat*) impliziere.
Eine Relevanz für das Fremdsprachenlernen arbeiten insbesondere Ely (1989, 1995) und Chapelle und Roberts (1986) heraus. Ely plädiert dabei für die Aufnahme des Konzepts als stilprägende Variable, wonach die Auseinandersetzung mit fremdsprachlichem Material, d. h. die Kommunikation mit eingeschränktem Vokabular und ggf. schwach ausgebildetem Regelwissen, eine bereichsspezifische Ambiguität darstelle, deren Bewältigung übersituativ wirksame Gewohnheiten aufzeige (vgl. Schulz-Wendler 2001:17). Eine ähnliche Szenerie entwerfen Chapelle und Roberts (1986:31):

„An L2 situation is considered 'novel' by learners because the grammatical, lexical, phonological and cultural cues are unfamiliar and therefore insufficient for them to construct a meaningful interpretation. On the other hand, these cues may be perceived as being too numerous to interpret, resulting in a 'complex' situation. Similarly, a learner may interpret these multiple language cues as contradicting each other, rendering the situation 'insoluble'. Also, the situation can be perceived as 'unstructured'."

Aus diesen potenziell ambivalenten oder missverständlichen Komponenten des Fremdsprachenlernens ergibt sich hinsichtlich des Lernerfolgs die Notwendigkeit einer gewissen Toleranz gegenüber derartigen Situationen, d. h. die Fähigkeit zu zumindest temporärem Erdulden ungelöster sprachlicher Erscheinungsformen. Andererseits könne ein zu hohes Maß an Ambiguitätstoleranz in einen nachteiligen Effekt umschlagen: Demnach neigten solche Lerner/innen dazu, geradezu jede unklare Struktur zu akzeptieren, ohne sie wirkungsvoll in einen kognitiven Bezugsrahmen zu setzen. Sprachliche Regeln würden beispielsweise nicht in ein übergeordnetes linguistisches System integriert, sondern „als bedeutungslose Brocken heruntergeschlungen" (vgl. Brown 1987:90).

Ambiguitätsintoleranz könne ebenso positiv *und* negativ wirksam werden. Einerseits schütze sie vor oben dargestellter, übermäßiger Toleranz und befähige dazu, hoffnungslose Erklärungsversuche sowie gänzlich widersprüchliches Sprachmaterial auszuschließen und mit einem ggf. eingeschränkten, aber dennoch funktionalen System zu arbeiten. Andererseits führe Ambiguitätsintoleranz dazu, sich (zunächst undurchsichtigen) Situationen gegenüber zu schnell zu verschließen, insbesondere wenn diese als Bedrohung wahrgenommen würden. Hieraus ergebe sich ein starres, dogmatisches Sprachverständnis, das eine für das Fremdsprachenlernen unumgängliche Kreativität einschränke (vgl. ebd.).

Grotjahn (1998:13) weist auf die Schwächen ambiguitätsintoleranter Lerner/innen hin, vorschnelle Folgerungen bezüglich sprachlicher Regelmäßigkeiten abzuleiten. Sie störten sich zudem unverhältnismäßig stark an unbekanntem Vokabular fremdsprachlicher Texte und verbrächten infolgedessen (zu) viel Zeit mit dem Nachschlagen von Wörtern.

Die hier vorgenommene Gegenüberstellung förderlicher und nachteiliger Aspekte verschiedenartiger Klärungsansätze in Bezug auf die Ambiguität fremdsprachlicher Lernsituationen scheint eine Überlegenheit diesbezüglich toleranter Lerner/innen nahe zu legen. Tatsächlich stützen Forschungsergebnisse von Naiman et al. (1975), Chapelle und Roberts (1986) sowie Reiss (1985) diese Erwartung, wonach Ambiguitätstoleranz u. a. im Bereich der rezeptiven sowie gleichermaßen hinsichtlich der produktiven Fertigkeiten ertragreicher sei (vgl. Wen & Clement 2003:30).

Der vergleichsweise geringe Umfang empirischer Studien, insbesondere jedoch die per definitionem wertfreie Konzeption rechtfertigen die Berücksichtigung dieser Beschreibungsgröße im thematischen Rahmen der vorliegenden Arbeit.

3.2.6.2 Induktion/Deduktion

Mit einer Betrachtung der konträren Schlussfolgerungsmodi *Induktion* und *Deduktion* bewegen wir uns abschließend in Richtung einer für die Unterrichtspraxis wesentlichen Dimension, deren jeweils prägende Charakteristika im vorliegenden thematischen Zusammenhang vorzugsweise zur Beschreibung von Fremdsprachenvermittlungsmethoden herangezogen werden. Spätestens im Zuge der hier eingenommenen Lerner/innenperspektive deutet sich somit eine unmittelbare Wechselwirkung zwischen Lehr- und Lernstilen an, der in Kap. 4.1 eine ausführliche Aufmerksamkeit zukommen wird. Zunächst soll jedoch die Annahme aufgegriffen werden, Vorlieben hinsichtlich induktiver bzw. deduktiver Vermittlungsmethoden seien potenziell lernstilprägend.

Induktive Präsentationsformen des Unterrichtsmaterials beruhen auf Beobachtungen einzelner Informationen, von denen übergeordnete Prinzipien abgeleitet werden. Bei deduktiver Darbietung werden zunächst Regeln und Grundsätze betrachtet, bevor sich daraus ergebende Konsequenzen hergeleitet und schließlich auf einen konkreten Sachverhalt angewendet werden.

Ehrman (1996) erhebt den Anspruch, im Rahmen des von ihr entwickelten MSQ Vorlieben für eher deduktives bzw. induktives Lernen zu dokumentieren. Die für die Erfassung vorgesehenen Items fallen jedoch hinsichtlich ihrer Anzahl verhältnismäßig gering aus, zudem gebe es keine klar erkennbare Abgrenzung zur Dimension sequenziell/zufällig (vgl. Schulz-Wendler 2001:26).

Felder (1995:26) registriert eine Diskrepanz zwischen überwiegend deduktiv ausgerichteten Lehrmethoden einerseits und wissenschaftlichen Erkenntnissen andererseits (Taba 1966; Swenson 1949; Lahti 1986), denen zufolge induktive Lernwege das Abstraktionsvermögen förderten, eine längere Faktenspeicherung bewirkten sowie die Fähigkeit Regeln anzuwenden verbesserten.

Er fährt mit dem Gedanken fort, die Differenzierung zwischen Induktion und Deduktion sei analog zum Unterschied zwischen Sprach*erwerb* und Sprachen*lernen*. Entsprechend sei der Prozess des Spracherwerbs die Konfrontation mit unstrukturiertem sprachlichem Input und dessen graduelle Einordnung in ein linguistisches System, also eine Progression vom Spezifischen zum Generellen. Dahingegen stelle die bewusste Auseinandersetzung mit syntaktischen und semantischen Regeln, gefolgt von deren Anwendung auf spezifische Äußerungen und ggf. damit einhergehender Korrektur, einen typisch deduktiven Verlauf dar (vgl. ebd.). Einer Beschreibung der auf den Prinzipien des Spracherwerbs basierenden, demzufolge induktiven, Vermittlungsmethoden folgend (deren Nutzung offensichtlich der Auflösung eingangs beschriebener Diskrepanz dienen soll), resümiert Felder, dass eine Klärung des primär beabsichtigten Sprachgebrauchs berücksichtigt werden müsse, um sich daraufhin für eher induktive oder deduktive Vermittlungswege zu entscheiden:

> „Complete command of a language thus involves both acquisition - an inductive process, required to speak fluently - and learning - a deductive process, required to write grammatically. The two processes are not competitive but complementary, just as inductive and deductive reasoning are essential and coequal components of the scientific method." (Felder 1995:27)

Decoo (1996:1) weist darauf hin, dass die Begriffe Induktion und Deduktion oftmals verschiedenartige Konzepte ausdrückten. Er entgegnet dieser Unordnung mit der Beschreibung von fünf Vermittlungs*modalitäten*, die i. F. als Kontinuum dargestellt werden können:

deduktiv ←――――――――――――――――――――――――――→ induktiv				
Deduktion	*Bewusste Induktion als angeleitete Entdeckung*	*Induktion, die zu expliziter „Zusammenfassung des Verhaltens" führt*	*Unbewusste Induktion mit strukturiertem Material*	*Unbewusste Induktion mit unstrukturiertem Material*
Eine grammatische Regel wird zu Beginn explizit präsentiert, woraufhin die Lerner/innen diese in Übungen anwenden.	Die Lerner/innen werden mit Beispielen konfrontiert, woraufhin die Lehrkraft durch gezielte Fragen die Regeln „entlockt". Diese werden von den Lerner/innen selbst formuliert.	Lerner/innen üben eine bestimmte Struktur intensiv ein, wodurch diese internalisiert wird. Schließlich fasst die Lehrkraft die zugrunde liegende Regel explizit zusammen.	Lerner/innen werden mit Sprachmaterial konfrontiert, dessen Aufbereitung einem induktiven Prozess förderlich ist. Es findet keine explizite Regelerklärung statt.	Lerner/innen werden mit authentischem Input konfrontiert. Die Ableitung von Prinzipien erfolgt auf natürliche Art, ähnlich dem Erstspracherwerb.

Abb. 7: Graduelle Unterscheidung deduktiver/induktiver Modalitäten der Fremdsprachenvermittlung (eigene Darstellung nach Decoo 1996:2)

Die Pole des Kontinuums entsprechen der von Felder vorgenommenen Unterscheidung zwischen Fremdsprachenlernen und Fremdsprachenerwerb, wobei die Darstellung der von Decoo ausdifferenzierten Vermittlungsmodalitäten als Kontinuum eine Übertragung der per definitionem dichotomen Variable auf den hier zur Debatte stehenden Bezugsrahmen der Stilforschung zulässt. Dabei muss festgehalten werden, dass die Fokussierung der *Lehr*perspektive eine Einbeziehung der an dieser Stelle besprochenen Dimension in *lern*stilrelevante Einflussfaktoren erschwert, wenn nicht ausschließt. Sie wird jedoch m. E. dadurch legitimiert, dass Deduktion und Induktion i. S. der o. g. Wechselbeziehung aus der Perspektive der Lerner/innen gleichermaßen bedeutsam sind und darüber hinaus eine jeweils starke inhaltliche Verwandtschaft zur Stildimension global/analytisch aufweisen und als solche dem für eine resümierende Konzentrierung dienenden konzeptuellen Sammelbecken zugeführt werden können. Dabei wird die Annahme vertreten, dass über den Weg der Vermittlung induktiver bzw. deduktiver Lernstrategien eine ggf. beabsichtigte Verschiebung des analytischen bzw. globalen Lernstils ausgelöst werden kann. Welche Strategien einer solchen Hypothese Rechnung tragen könnten wird Inhalt des Kap. 4 sein.

3.3 Abschließende Bewertung der stilbezogenen Fremdsprachenforschung

Vor dem Hintergrund der vorangegangenen Besprechung zahlreicher, in der Forschungsliteratur mehr oder minder intensiv diskutierter Faktoren, denen zur Beschreibung individueller Lernstile potenzielle Bedeutung beigemessen wird, ist der Zweck dieses abschließenden, zusammenfassenden Teils eine weitere Konzentrierung der für das Fremdsprachenlernen wesentlichen Dimensionen.

Am Anfang steht dabei die unumgängliche Erkenntnis, dass die Identifikation von Lernstilen sowohl im Bereich der allgemeinen als auch der fremdsprachenspezifischen Forschung als bisher bruchstückhaft bezeichnet werden muss. Dementsprechend kann bislang kein Instrumentarium für sich den Anspruch erheben, durchgängig positive Rückmeldungen erhalten zu haben. Alle in der vorliegenden Arbeit vorgestellten Erhebungsverfahren wurden bezüglich ihrer Validität zumindest stellenweise kritisiert. Das gilt insbesondere für die vergleichsweise viel beachteten Konzepte der allgemeinen Lernstilforschung, jedoch auch für die auf deren Grundlage entwickelten Fragebögen zur Erhebung stilprägender, fremdsprachenspezifischer Lernstrategien, deren Überprüfung auf wissenschaftliche Fundiertheit größtenteils noch nicht stattgefunden hat, jedoch unter Berücksichtigung der dargestellten konzeptuellen Verwirrungen nur bedingt aussichtsreich erscheint.

Welche konkreten Ursachen lassen das Forschungsfeld der Lernstile so verworren, unausgegoren und mitunter willkürlich erscheinen, sodass die theoretische Konstruktion stilbestimmten Lernverhaltens an sich, auf jeden Fall aber die Möglichkeit einer Messung dessen, fortwährend bezweifelt wird?

> „It is unclear whether learning style is amenable to measurement or assessment. While it is accepted that students do exhibit different approaches to the acquisition of material (see Emanuel & Potter 1992, Gregorc & Butler 1984, O'Brien, 1992), it is not clear whether one can quantify those differences, or whether those differences constitute different learning styles." (Robotham 1999)

Einer der wesentlichen Gründe liegt in der im Rahmen der vorliegenden Arbeit vielfach beobachteten Überschneidung postulierter Stildimensionen. Das Forschungsfeld ist geprägt von einer unüberschaubaren Zahl publizierender Autor/innen, deren uneinheitliche Verwendung fachspezifischen Vokabulars die Zusammenlegung zentraler Konzeptualisierungen erschwert. Zudem sollte nicht übersehen werden, dass ein Großteil der existierenden Lernstilmodelle nicht oder nicht mehr als Beiträge zum wissenschaftlichen Diskurs, sondern im Rahmen einer Vermarktungsmaschinerie populärer lernpsychologischer und didaktischer Bewegungen begutachtet werden müssen (vgl. Kap. 2.3). Selbst die in dieser Arbeit vorgenommene, in ihrer Fundierung ausnahmslos der Wissenschaftlichkeit verschriebene Theorieauswahl weist jedoch vereinzelt terminologische Uneinigkeit auf – ein zwar nicht exklusives Merkmal der Lernstilforschung, hinsichtlich der Entwicklung teilweise als wertlos einzustufender Erhebungsinstrumente und einem damit verbundenen wackeligen Erkenntnisfundament jedoch ausschlaggebende Schwäche:

> „This form of intellectual trench warfare, while common throughout academia, is not a particular feature of the learning styles literature, where

> the leading theorists and developers of instruments tend to ignore, rather than engage with, each other. The result is fragmentation, with little cumulative knowledge and cooperative research." (Coffield et al. 2004:1)

Ziel der vorliegenden Arbeit ist es nicht, den Engpass brauchbarer Erhebungsverfahren für den stilorientierten Fremdsprachenunterricht zu beseitigen. Vielmehr resultiert aus dem Vermerk eines solchen Mangels die nachfolgende Beschränkung auf überwiegend theoretisch begründete Implikationen möglicherweise stilprägender Dimensionen des Lernens für den Fremdsprachenunterricht.

Welche weiteren Möglichkeiten es zur Ermittlung potenziell sprachstilprägender Merkmale neben den teilweise schon genannten Strategiefragebögen gibt, wird u. a. Inhalt des nächsten Kapitels sein. Dabei wird die Annahme vertreten, dass eine Sensibilisierung sowohl der Lehrkraft als auch der Lerner/innen für individuelle Präferenzen dem Fremdsprachenunterricht zuträglich sein wird, da ein solches Bewusstsein u. a. weit reichende Konsequenzen für Lehrmethoden, Unterrichtsgestaltung, Strategievermittlung und soziales Miteinander innerhalb entsprechender Lernergruppen haben kann.

Gleichwohl soll die Möglichkeit einer Existenz relativ überdauernder Lernstile und deren Beschreibung mittels bipolar angelegter Dimensionen, vor dem Hintergrund der vorstehenden, teils ernüchternden Bewertung, nicht zugunsten einer allgemeinen Betrachtung individueller Unterschiede aufgegeben werden.

Aus diesem Grund folgt eine tabellarische Darstellung aller näher betrachteten Variablen und deren für die Berücksichtigung als Lernstildimension eintretenden Autor/innen. Ziel dieses Überblicks ist eine anschließende Zusammenfassung konvergierender sowie der Ausschluss nicht als stilbestimmend anzusehender Kategorien.

In einem weiteren Schritt werden vermutete Zusammenhänge einzelner, jedoch voneinander unabhängig zu betrachtender Kriterien aufgezeigt, um schließlich, der konzeptuellen Norm bipolarer Dimensionen folgend, zwei gegensätzliche Lernstile zu formulieren, die hinsichtlich konkreter unterrichtlicher Maßnahmen als Referenzpunkt dienen können.

Tab. 3: Vorgestellte Stildimensionen und deren Vertreter

konkret	abstrakt	Gregorc
zufällig	sequenziell	
global	analytisch	Dunn & Dunn
rechtshemisphärisch	linkshemisphärisch	
impulsiv	reflexiv	
visuell | auditiv	taktil | kinästhetisch	
feldabhängig	feldunabhängig	Witkin
feldempfänglich	feldunempfänglich	Ehrman
holistisch	analytisch	Riding
visuell	verbal	
extravertiert	introvertiert	Myers & Briggs
sinnesgeleitet	intuitiv	
fühlend	denkend	
wahrnehmend	urteilend	
konkret	abstrakt	Kolb
aktiv	reflektiv	
ambiguitätstolerant	ambiguitätsintolerant	Ely
induktiv	deduktiv	Ehrman
(surface approach)	(deep approach)	Entwistle

Die offensichtlichsten Parallelen weisen die, von Gregorc und Kolb auch unter derselben Bezeichnung veröffentlichten, Merkmalsausprägungen einer vorzugsweise abstrakten oder konkreten *Art der Wahrnehmung* bzw. einer damit verbundenen Vorliebe für die entsprechende *Beschaffenheit von Lerngegenständen* auf. Einer solchen Unterscheidung zwischen eher regelgeleiteten Fremdsprachenlerner/innen einerseits und auf Sprechfluss Bedachten andererseits wurde bereits zugestimmt. Die von Kohonen postulierte Analogie zur Theorie deklarativen und prozeduralen Wissens wird diesbezüglich als ebenso plausibel bewertet wie Ellis' und Rathbones (1990:55) Unterscheidung in *learning "that"* und *learning "how"*, deren Untersuchungen die Existenz einer derartigen Dimension zusätzlich stützen.

Die dem MBTI zugehörige Dimension sinnesgeleitet/intuitiv zeigt ebenfalls starke Ähnlichkeiten zum Begriffspaar abstrakt/konkret. Zwei miteinander in Beziehung stehende Argumente sprechen jedoch gegen eine endgültige Einbeziehung: Zum einen wird diese Stildimension von Ehrman sowie Oxford im Zusammenhang mit präferierten Wahrnehmungsmodalitäten auf das Fremdsprachenlernen übertragen, wobei beide eine lernpsychologische Verknüpfung in Form der Kombinationen konkret-sequenziell sowie abstrakt-zufällig annehmen. Eine solche Annahme erscheint jedoch vor dem Hintergrund der von Kolb und Gregorc in deren Ursprungskonstrukten dargelegten, überwiegend gegensätzlichen Beziehung unwahrscheinlich. Darüber hinaus ist die Konzeption dieser Variable der Erfassung von Persönlichkeitsmerkmalen, nicht der Beschreibung kognitiver Aufnahme- bzw. Verarbeitungsmuster zuzuordnen. Aus diesen Gründen wird eine weiter gehende Berücksichtigung abgelehnt. Gleiches gilt für die Einteilung von Lerner/innen in Fühlende und Denkende, deren Charakterisierung als eher emotional bzw. rational geprägt zwar ggf. einen lernrelevanten Informationswert besitzt, jedoch hinsichtlich der inhaltlichen Wurzeln ebenfalls allgemeinerer Natur und der Bestimmung eines Persönlichkeitsstils zugedacht ist. Demgegenüber können die Dimensionen impulsiv/reflexiv (Dunn & Dunn) sowie aktiv/reflektiv (Kolb), deren Ähnlichkeit zur Variable Fühlen/Denken in 3.2.3 Erwähnung fand, als sehr bedeutsam angesehen und unter der Überschrift *Tempo der Informationsverarbeitung* in ein abschließendes Inventar aufgenommen werden. Für eine solche Fusion sprechen nahezu deckungsgleiche Typenattribuierungen der Autor/innen Grotjahn, Kohonen sowie Oxford und Cohen im Zusammenhang mit dem Fremdsprachenlernen. Diesbezüglich eignet sich die von Kolb gewählte Terminologie m. E. besser, da der Begriff *impulsiv* eine aus o. g. Gründen abzulehnende Assoziation mit persönlichkeitsdeterminierendem Vokabular implizieren kann[39].

Weiterhin müssen diejenigen Konzepte auf eine mögliche inhaltliche Verdichtung geprüft werden, deren Aufmerksamkeit auf die *Art der Informationsverarbeitung* gerichtet ist. Derer wurden im Laufe der vorliegenden Arbeit sechs

---

[39] Man denke diesbezüglich an umgangssprachlich synonym verwendete Wörter wie z. B. *launenhaft*, *irrational*, *stürmisch* usw.

vorgestellt, wobei die Wahl unter Berücksichtigung der folgenden Argumentation auf das von Dunn und Dunn konkretisierte Begriffspaar global/analytisch fallen muss: Riding nennt Witkins FU/A als konzeptuellen Überbau für seine Dimension holistisch/analytisch. Ersterer wiederum wurde zum einen die Qualität einer bipolar angelegten und als Kontinuum darstellbaren Konzeptualisierung abgesprochen und darüber hinaus die Integration brauchbarer Teilaspekte in den umfassenderen Rahmen der Dimension global/analytisch befürwortet. Letzterer ist somit der Vorzug zu geben.

Es verbleiben noch die aufgrund ihrer einerseits geringen Erforschung und andererseits bisher unergründbaren Komplexität unhaltbare Theorie linkshemisphärischer bzw. rechtshemisphärischer Lernstile[40] sowie die vorzugsweise induktive oder deduktive Verarbeitung. Dieser wurde in Kap. 3.2.6.2 eine überdurchschnittliche Relevanz zugesprochen, jedoch wird auch ihr aufgrund der bisher dürftigen Berücksichtigung im Zusammenhang mit stilbezogener Fremdsprachenforschung die Aufnahme als wesentliches Stilmerkmal verwehrt. Nichtsdestotrotz wird sie im Verlauf der Besprechung unterrichtspraktischer Konsequenzen eine wichtige Bezugsgröße darstellen.

Schließlich sei noch rekapituliert, dass die von Ehrman zur Überwindung der Schwächen der FU/A entwickelte Feldempfänglichkeit/-unempfänglichkeit schon oben vor dem Hintergrund ihres Charakters als Fähigkeitskonzept verabschiedet wurde.

Der Kategorie Urteilen/Wahrnehmen wurde eine bereichsspezifische Relevanz bereits unter 3.2.3 abgesprochen. Als für den Fremdsprachenunterricht hilfreiche Beschreibungsgröße kann weiterhin Gregorcs Unterteilung in sequenzielle und zufällige Lerner/innen angesehen werden. Diese, auf die *Reihenfolge der Verarbeitung* referierende Variable, wurde von Oxford und Ehrman gewinnbringend auf fremdsprachenunterrichtliche Handlungen bezogen.

Auch die von Riding in einen lernpsychologischen Bezugsrahmen gesetzte *Art der Informationsrepräsentation* ist in Form der Differenzierung verbal und

---

[40] Diesbezüglich konstatiert neben anderen Autor/innen auch Ehrman (1996:73; zit. n. Schulz-Wendler 2001:26), die die ursprünglich von Dunn und Dunn thematisierte Stilkategorie aufgreift:
„Because the model is widely used, I have included it in this discussion, though it should not (sic) taken literally – real brain research shows a much more complicated situation than the binary model suggests."

visuell codierter Informationen von Bedeutung für das Fremdsprachenlernen, wie die Untersuchungen von Leutner und Plass bestätigen. Darüber hinaus wurde die bessere Eignung in Bezug auf die Unterscheidung Dunns und Dunns in visuelle, auditive, taktile und kinästhetische Lerner/innen befürwortet.

Eine ähnliche Sachlage ergibt sich für die noch verbleibenden Dimensionen ambiguitätstolerant/-intolerant und extravertiert/introvertiert. Ersterer wurde zwar eine zunächst wertungsfreie, bipolare Konzeption zugestanden; die zwar vergleichsweise wenigen aber dennoch aussagekräftigen Untersuchungen sowie der Bezug zu fremdsprachenpraktischen Lernsituationen legen jedoch eine prinzipielle Überlegenheit ambiguitätstoleranter Fremdsprachenlerner/innen nahe, sodass diese Variable wohl eher als Fähigkeit bzw. Unfähigkeit angesehen werden muss. Extraversion und Introversion sind hingegen – wie bereits empfohlen – brauchbare Bezugsgrößen für Persönlichkeitsstile oder bevorzugte Sozialformen. Beide Faktoren werden gleichwohl, wenn auch nicht als stilprägendes Merkmal, genauso wie die schon abgegrenzten Lernansätze Entwistles weiterhin eine gesonderte Rolle spielen.

Das Ergebnis der hier vorgenommenen Zentralisierung ist eine Reduktion von achtzehn in Kap. 3.2 vorgestellten, in der mit stilbezogener Fremdsprachenforschung befassten Literatur erwähnten Einflussgrößen, auf fünf abschließend als fremdsprachenrelevant bewertete Stildimensionen. Die Argumentationslinie des angewandten Ausschluss- bzw. Konzentrierungsverfahrens entspricht darüber hinaus nachstehender Definition:

> „Nur die kognitiven und die perzeptuellen Lernstile haben zum einen Stilcharakter im Sinne einer Disposition und werden zum anderen ausschließlich im Hinblick auf menschliches Lernen ermittelt bzw. definiert. Die persönlichkeitsbezogenen Lernstile hingegen erfüllen nur die erstgenannte Bedingung, die sozio-affektiven Lernstile kommen nur der letztgenannten Bedingung mit Sicherheit nach. Kognitive und perzeptuelle Lernstile sind demnach die einzigen *Lern-Stile* im eigentlichen Sinne des Wortes." (Schulz-Wendler 2001:22)

Zum Zwecke einer abschließenden Darstellung der herausgearbeiteten Dimensionen als bipolar charakterisierte Lernstile, muss noch nach Hinweisen auf potenzielle Zusammenhänge einzelner Merkmalsausprägungen gesucht werden, um die jeweiligen Bezugsgrößen nicht nur isoliert, sondern darüber hinaus gemäß ihrer vermuteten Wechselwirkungen betrachten zu können. Diesbezüglich werden noch einmal die in Kap. 3.2 den jeweiligen Ausprägungen zugeordneten Handlungsweisen bzw. Gewohnheiten herangezogen und stichpunktartig aufgeführt:

Tab. 4: Abschließende Darstellung fremdsprachenrelevanter Stildimensionen

abstrakt	*Art der Informationswahrnehmung und Beschaffenheit des Lerngegenstands*	konkret
• ständige Suche nach übergreifenden Prinzipien der Zielsprache → deklaratives Wissen • Sukzessive Einordnung fremdsprachlicher Informationen in ein mentales Modell • regelorientiert, Probleme bezüglich des Sprechflusses		• Prämisse der Anschaulichkeit von Lerngegenständen • Wunsch nach auth. Kommunikationssituationen • Probleme beim Aufbau eines Regelapparats, Diskussion abstrakter Konzepte
visuell[41] • Lernen am besten mit graphischer Unterstützung • hohe Problemlösungsfähigkeiten • im Unterrichtsgespräch zurückhaltend • bevorzugen Einzelarbeit	*Art der Informationsrepräsentation*	verbal • haben eine gute Aussprache • bevorzugen gemeinschaftliche Arbeitsformen • Probleme beim Transfer sprachlicher Bildungsregeln
analytisch • arbeiten selbstgesteuert • sind strukturiert • restrukturierungs- und analysefähig → günstig für Aufbau des Regelapparates	*Art der Informationsverarbeitung*	global • bevorzugen klare Anweisungen der Lehrkraft • Betrachtung des Lerngegenstands im Kontext • kommunikationsorientiert

---

[41] Charakterisierungen der Stildimension visuell/verbal nach Banner & Rayner (2000:40).

sequenziell • geordnete, lineare Bearbeitung des Unterrichtsmaterials • verzichten auf Kompensationsstrategien → schnelle Resignation • gute Memorierungsfähigkeiten	*Reihenfolge der Informationsverarbeitung*	zufällig • kommen mit unstrukturierter Unterrichtsgestaltung gut zurecht • auffällige Nutzung von Kompensationsstrategien • können neue Vokabeln gut aus dem Kontext erschließen
reflektiv • genaues Überlegen vor (schrift-) sprachlichen Äußerungen → Fehlervermeidung, risikoscheu • Abgleich der Äußerungen mit Regelapparat • Vermeidung schwieriger linguistischer Strukturen	*Tempo der Informationsverarbeitung*	aktiv • spontane, weniger durchdachte Beiträge → Redefluss, risikofreudig • wildes Raten, schnelles Antworten • Anwendung von Kompensationsstrategien

Die den jeweiligen Ausprägungen exemplarisch beigefügten Eigenschaften scheinen eine derartige Gegenüberstellung zu bekräftigen, weisen sie doch starke inhaltliche Zusammenhänge auf. So legen alle Ausprägungen der linken Spalte eine Orientierung dieser Lerner/innen an Regelwissen nahe, während eine wiederholt genannte Eigenschaft der rechten Spalte die Neigung zu kommunikationsbasiertem Fremdsprachenlernen ist.

Demzufolge soll an dieser Stelle auch die Unterscheidung in *regelorientierte und kommunikationsorientierte Fremdsprachenlerner/innen* vorgenommen werden, die als theoretischer Bezugspunkt in Form zweier Extremtypen für die im nächsten Kapitel anstehende Diskussion unterrichtspraktischer Konsequenzen dienen soll. Diese Typisierungen sollen dabei bewusst als Arbeitstitel und nicht als Anspruch aufgefasst werden, im Rahmen einer Aufarbeitung der einschlägigen Literatur zwei neuartige Sprachlernstile postulieren zu wollen. Im Gegenteil: Der Autor folgt der vielerorts geäußerten Vermutung, dass die Lernstile der meisten Fremdsprachenlerner/innen in einer tendenziell mittigen Position des Typenkontinuums verortet sind und dementsprechend Eigenschaften beider Ausprägungen in sich vereinen. Insofern erübrigt sich auch ein weiteres Mal die Frage nach einem überlegen Lernstil, dessen konzeptuelle

Unmöglichkeit mehrfach betont wurde, da insbesondere das spezifische Feld des Fremdsprachenlernens das Vorliegen eines Mischstils geradezu verlangt. Ein erfolgreicher Sprachlernstil wird also wesentlich davon abhängen, in welchem Maß der Lerner/die Lernerin dazu in der Lage ist, dem eigenen Stil eher fremde Eigenschaften zu trainieren, ohne gleichzeitig die mit der jeweiligen Ausprägung verbundenen Schwächen „mitzunehmen". Ein solches Training kann nur über die Vermittlung erfolgsbewährter, im Gegensatz zum Stilkonstrukt fassbarer Lernstrategien, erfolgen. Welche Rolle das Bewusstsein um mögliche Lernstile in Form sowohl einzeln als auch in ihrer Faktorenkomplexion zu betrachtender Stildimensionen spielen kann, ist Gegenstand des folgenden Abschnitts.

4 Unterrichtspraktische Konsequenzen

Die im vorangegangenen Kapitel durchgeführte Verengung der im Zusammenhang mit der Erforschung von Fremdsprachenlernstilen zunächst großen Fülle thematisierter Stildimensionen resultierte in einer Auswahl von fünf als bedeutsam befundenen Kategorien. Ungeachtet der bisher nicht eindeutig belegbaren und im Zuge dessen anhaltend bezweifelten Existenz des theoretischen Konstrukts *Lernstil*, soll Inhalt des folgenden Abschnitts sein, welche konkreten Handlungsoptionen sich mit dieser Selektion für einen – bereits als potenziell fruchtbar befundenen – stilorientierten Fremdsprachenunterricht ergeben.

Zunächst soll jedoch noch einmal auf die grundlegende Problematik der Identifikation von Lernstilen eingegangen werden, deren Umsetzung sich nicht in den schon ansatzweise vorgestellten Fragebögen zur Selbsteinschätzung bevorzugter Lernstrategien erschöpft. Darüber hinaus ist der wichtigen Frage nachzugehen, ob die Lerninhalte vor dem Hintergrund vermuteter oder ggf. identifizierter Lernstile den Fremdsprachenlerner/innen angepasst oder diese dazu angehalten werden sollten, ihren Stil den Aufgaben entsprechend zu flexibilisieren. Diesbezüglich ist weiterhin zu klären, ob, und wenn ja, unter welchen Umständen eine solche Flexibilisierung stattfinden kann.

4.1 Identifikation von Lernstilen

> „Most shocking of all in the learning styles' research arena is the lack of reliable / valid instruments with which to work. Caution is therefore advised when considering use of instruments which supposedly provide style profiles of learners on the basis of individual differences." (Hiser 2003:4)

Diese von Hiser geäußerte Kritik greift die schon im vorigen Kapitel gewonnene Erkenntnis auf, dass bisher entwickelte Instrumentarien zur Erhebung von Lernstilen wissenschaftlichen Gütekriterien größtenteils nicht standhalten. Welche Ursachen sind es, die die Entwicklung brauchbarer Messverfahren offensichtlich erschweren, wenn nicht sogar kategorisch verbieten? Einer diesbezüglichen Erörterung folgt im weiteren Verlauf dieses Teils die Darstellung eines – hinsichtlich seines Einsatzes im unterrichtlichen Rahmen verhältnismäßig anerkannten – Strategiefragebogens sowie alternativer Methoden zur Dokumentation von Lernverhalten.

4.1.1 Konstruktinhärente Limitationen

Der schon im Rahmen der begrifflichen Klärung genannten Tatsache, Lernstile seien nicht direkt beobachtbar, liegt der allen Lernprozessen immanente Vorbehalt zugrunde, dass sich die abstrakten Vorgänge zwischen Informationsaufnahme und Wissensrepräsentation der menschlichen Wahrnehmung entziehen. Während behavioristische Strömungen der Lernpsychologie dies zum Anlass nahmen, sich auf Reiz-Reaktions-Muster und somit auf Lern*ergebnisse* zu beschränken, stand gerade dieser, zuvor als *black box* des Lernens vernachlässigte Teil, ab etwa 1960 im Zentrum der Aufmerksamkeit kognitivistischer und später konstruktivistischer Theorien (vgl. Bimmel & Rampillon 2000). Es ist somit nicht weiter verwunderlich, dass im Zuge der allgemeinen Beschäftigung mit Theorien des Lernens manche Autor/innen die Beschreibung des Lernens in Stilkategorien vorantrieben. Ein zeitlicher Zusammenhang liegt hier auf der Hand (vgl. Kap. 2.1).

Nun löst alleine die theoretische Zuwendung in Form eines breit angelegten wissenschaftlichen Diskurses die o. g. Problematik nicht auf, sodass diese weiterhin eine empirisch belegbare Taxonomie des Lernens verwehrt.

Demzufolge müssen alle Lernstilmodelle und deren oft als wissenschaftlich fundiert propagierten Tests als Versuch verstanden werden, möglicherweise beteiligte Faktoren zu versinnbildlichen.

Um diese in der Realität nicht beobachtbaren Sinnbilder wiederum zu konkretisieren, bedient man sich des sie konstituierenden, ebenfalls abstrakten Entwurfs der Lernstrategie. Diese sei nämlich, wenn auch als mentale Handlung gleichermaßen nicht beobachtbar, zumindest „bewusstseinsfähig" (Grotjahn 1998:14), was die Beschreibung eben jener mentalen Handlungen mittels Introspektion erlaube. Auf diese Weise könne man Lernprozesse, und damit einhergehend auch derer bevorzugte, nun doch erfassen, so der Begründungszusammenhang. Man sei dem Prozess im wahrsten Sinne des Wortes näher.

Am gängigsten sind diesbezüglich Fragebögen zur Selbsteinschätzung, wie Kap. 3.2 unverkennbar gezeigt hat. Hierbei werden die Lerner/innen aufgefordert, bezüglich dem jeweiligen Stilverständnis entsprechender Lernstrategien – verbalisiert in Form meist knapp gehaltener Aussagesätze – Stellung zu nehmen. Dabei reichen die Antwortformate von *forced-choice*[42] über drei- bis hin zu fünfstufigen Skalen, deren Abstufungen dem Kontinuum zwischen extremer Zustimmung bzw. Ablehnung der jeweiligen Aussage entsprechen – Letztere sind am weitesten verbreitet.

Es ergeben sich jedoch aus dieser *indirekten* Beobachtung zahlreiche potenzielle Schwierigkeiten, welche letztendlich die defizitäre Wissenschaftlichkeit solcher Fragebögen bedingen:

Zunächst sollte die grundsätzliche Beschränkung bedacht werden, dass introspektive Erhebungen ein großes Maß an Reflexionsvermögen voraussetzen, eine Fähigkeit, die zumindest jüngeren Lerner/innen nahezu prinzipiell, aber im Einzelfall ggf. auch Älteren abgesprochen werden muss.

Ähnlich verhält es sich mit nicht wahrheitsgemäßen Antworten, die von Lerner/innen aus der Motivation heraus gegeben werden könnten, dass sie einer als positiv vermuteten Präferenz der Lehrkraft entsprechen wollen (vgl. ebd.). Ein solches Phänomen könnte dem *Beobachtereffekt* zugeordnet werden, infolgedessen die Wahrung der wissenschaftlichen Objektivität ausgeschlossen wäre.

Darüber hinaus beinhalten einige Fragebögen die einleitende Anweisung, so spontan wie möglich zu antworten. Diesbezüglich bleibt zu klären, ob es einen Zusammenhang zwischen schnellem Antworten und dem Wahrheitsgehalt der entsprechenden Antwort gibt. Ein Vorteil des gründlichen Abwägens übersituativer Verhaltensweisen, auf deren Bestimmung die Fragebögen schließlich abzielen, läge zumindest nahe.

Weiterhin zwiespältig sind die als angeblich gültige Indikatoren für einen bestimmten Stil formulierten Aussagen. Cohen et al. (2002:2) beispielsweise sehen in dem Item „Wenn ich die Wahl zwischen Sitzen und Stehen habe, würde ich lieber stehen." (*If I have a choice between sitting and standing, I'd rather stand.*) ein Anzeichen für taktile/kinästhetische Lernpräferenzen. Neben der ohnehin schon weiter oben als nebulös bewerteten Zusammenfassung taktiler und kinästhetischer Merkmalszuschreibungen ist zu bezweifeln, ob die statischen Formen des Sitzens und Stehens sich hinsichtlich der Bezugsgröße

---

[42] zum *forced-choice*-Antwortformat vgl. Kap. 3.2.3.

zum einen überhaupt unterscheiden und andererseits, ob es einen erkennbaren Zusammenhang zwischen dem Stehen und einer vermuteten Fühl- bzw. Bewegungsorientierung gibt. Es ist hier also fraglich, ob tatsächlich das Merkmal gemessen wird für das die Aussage bestimmt ist, weshalb die uneingeschränkte Validität nicht mehr garantiert werden kann.

Auch die Reliabilität wird bei Anwendung eines Fragebogenverfahrens wohl kaum unangreifbar zu verwirklichen sein, bedenkt man alleine die zeitliche Differenz zwischen der Erhebung und des somit retrospektiv erhobenen Lernverhaltens, dessen exakte Rekapitulation zusätzlich angezweifelt werden muss.

Welche Schlüsse lassen sich aus vorstehenden, teils vernichtenden Überlegungen ziehen? Gibt es dennoch Argumente *für* den Gebrauch einschlägiger Selbsteinschätzungsbögen oder ggf. anderer Methoden zur Beschreibung evtl. stilgeprägten Lernverhaltens, deren Prüfung auf wissenschaftlich fundierte Eignung vor dem Hintergrund der *konstruktinhärenten* Verlegenheit nicht weniger enttäuschend ausfallen dürfte?

Die Antwort auf diese Frage knüpft an eine schon in Kap. 3.3 angedeutete Positionierung an, die eine Thematisierung der zugrunde liegenden theoretischen Entwürfe sowie die Verwendung bewusst ausgewählter Instrumentarien im Fremdsprachenunterricht unter bestimmten Voraussetzungen befürwortet.

Am Anfang sollte dabei eine gezielte und insbesondere kritische Auseinandersetzung der Lehrkraft mit der umfangreichen Literatur stehen – eine notwendige Bedingung, möchte man nicht der überwiegend auf die Thematisierung perzeptueller Lernvorlieben beschränkten Ansammlung populärwissenschaftlich anmutender Modelle aufsitzen[43]. Sodann kann das für die Beschreibung präferierter Lernhandlungen zur Verfügung stehende Vokabular genutzt werden, um eine Lerngruppe für etwaige, sowohl individuell als auch gruppenbezogen bedeutsame Stildifferenzen zu sensibilisieren. Der Begriff Stil sollte hierbei m. E. im Sinne einer relativ stabilen, aber weitgehend trainier- und somit veränderbaren individuellen Kombination aus Stärken und Schwächen

---

[43] vgl. hierzu auch Kap. 2.3.

bzw. Grenzen hinsichtlich fremdsprachenrelevanter Dimensionen verstanden werden.

Es ist darüber hinaus noch zu entscheiden, ob sich die Thematisierung von Lernstilen auf vorstehende, bewusstseinsfördernde Maßnahmen beschränken soll – in diesem Falle könnte die vorliegende Arbeit als vollendet betrachtet werden – oder ob die Entscheidung für die Beschäftigung mit der Thematik den Ausgangspunkt für einen die wesentlichen Grundgedanken berücksichtigenden, stilorientierten Fremdsprachenunterricht sein soll, der ein Interesse an existierenden, vor dem Hintergrund der o. g. Beschränkungen ausdrücklich modellhaften Identifikationsverfahren einschließt.

Der weitere Verlauf des Kapitels folgt letzterem Ansatz und konzentriert sich diesbezüglich auf den Zugang zum Stilkonstrukt über den Weg der Lernstrategien, denn

> „in jedem Fall darf angenommen werden, dass die Etikettierung der einzelnen Strategien die bewusste Aufmerksamkeit der Lerner gegenüber Informationsverarbeitungsprozessen erhöht und die gemeinsame Reflexion über Lernerstrategien im Unterrichtsgespräch erleichtert."[44] (Tönshoff 2001:210)

Im nächsten Abschnitt wird zu diesem Zweck ein Fragebogen vorgestellt, der sich hinsichtlich seines vergleichsweise verbreiteten Einsatzes im Fremdsprachenunterricht besonders hervor getan hat.

4.1.2 Fragebögen zur Erhebung bevorzugter Lernstrategien am Beispiel des *Strategy Inventory for Language Learning*

Das wohl bekannteste Befragungsinstrument zur Ermittlung bevorzugter Sprachlernstrategien ist das *Strategy Inventory for Language Learning* (SILL), ein von Oxford (1990) in zwei verschiedenen Versionen entwickelter Fragebogen. Eine Variante dient der Verwendung im Rahmen des Fremdsprachenlernens englischer Muttersprachler. An dieser Stelle soll entsprechend die 50 Items umfassende Version für Englischlerner/innen vorgestellt werden, wobei der Fragebogen weitgehend auch im Zusammenhang mit anderen Fremdsprachen eingesetzt werden kann (vgl. Grotjahn 1998:14).

---

[44] Tönshoff verwendet hier *Lernerstrategien* als Sammelbegriff für *Sprachlern-* und *Sprachverwendungsstrategien*.

Im Gegensatz zu zahlreichen anderen Strategiefragebögen sei das SILL der einzige, der auf Reliabilität und darüber hinaus mehrfach auf Validität geprüft wurde (vgl. Oxford & Burry-Stock 1995). Dies ist auch der Grund, warum die Darstellung des SILL hier einer Betrachtung der explizit auf Lernstile ausgerichteten Fragebögen (z. B. *Style Analysis Survey* von Oxford oder *Motivation and Strategies Questionnaire* von Ehrman) vorgezogen wird.

Das fünfstufige Antwortformat reicht von „Trifft nie oder fast nie auf mich zu." (*Never or almost never true of me.*) bis „Trifft immer oder fast immer auf mich zu." (*Always or almost always true of me.*). Dabei wird ausdrücklich darauf hingewiesen, dass die Aussagen nicht danach eingestuft werden sollen, wie man gerne sein würde, sondern den Tatsachen bestmöglich entsprechend.

Oxford nimmt eine Klassifizierung vor, die sich in großen Teilen mit anderen bekannten Typologien von Sprachlernstrategien deckt (vgl. z. B. Rubin 1987; O'Malley et al. 1985). Demzufolge unterscheidet sie zwischen direkten Strategien, die sich weiterhin in Erinnerungsstrategien (*memory strategies*/9), kognitive Strategien (*cognitive strategies*/14) sowie Kompensationsstrategien (*compensation strategies*/6) aufteilen und indirekten Strategien, ein Sammelbegriff für metakognitive (*metacognitive*/9), affektive (*affective*/6) und soziale (*social*/6) Strategien, wobei die hier in Klammern zugeordneten Zahlen der Anzahl entsprechend angelegter Items des SILL entsprechen.

Im Folgenden soll der Versuch unternommen werden, einen inhaltlichen Zusammenhang zwischen den im SILL formulierten Aussagen und den in Kap. 3.3 als relevant bewerteten Lernstildimensionen bzw. deren in Kap. 3.2 herausgearbeitete Übertragung auf den Fremdsprachenunterricht herzustellen. Dabei beschränkt sich dieser Versuch vor dem Hintergrund der o. g. Argumentation folgerichtig auf die Betrachtung der direkten Strategien, die der Beschreibung kognitiver Aufnahme- und Verarbeitungsmuster dienen. Die Berücksichtigung von Kompensationsstrategien beruht dabei auf der von Kohonen hergestellten Verknüpfung zur Dimension aktiv/reflektiv. Da eine ausführliche Besprechung i. S. eines wiederholenden inhaltlichen Abgleichs an dieser Stelle zu weit führen würde, wird die Zuordnung auf eine tabellarische Übersicht begrenzt, in der die jeweilige Item-Übersetzung des Autors der bei uneingeschränkter Zustimmung assoziierten Merkmalsausprägung gegenüber gestellt wird. Die fortlaufende Nummerierung dient einer Möglichkeit des Abgleichs mit den englischsprachigen Items, die dem Anhang entnommen werden können.

Tab. 5: Zuordnungsversuch der im SILL (vgl. Oxford 1990) formulierten Lernstrategien mit den als fremdsprachenrelevant bewerteten Lernstildimensionen

1. *Ich stelle Beziehungen zwischen meinem Vorwissen und neuen Dingen her, die ich in Englisch lerne.*	abstrakt analytisch sequenziell
2. *Ich benutze neue englische Wörter in Sätzen, damit ich sie mir merken kann.*	konkret verbal global
3. *Ich verbinde den Klang eines neuen englischen Wortes mit einem Bild, um es mir zu merken.*	visuell konkret
4. *Ich merke mir ein neues englisches Wort, indem ich mir eine Situation vorstelle, in der das Wort gebraucht werden könnte.*	visuell konkret
5. *Ich benutze Reime, um mir neue englische Wörter zu merken.*	verbal zufällig
6. *Ich benutze Karteikarten, um mir neue englische Wörter zu merken.*	konkret visuell /verbal sequenziell
7. *Ich stelle neue englische Wörter mit Bewegungen dar.*	konkret visuell
8. *Ich überdenke den Englischunterricht oft noch einmal im Nachhinein.*	abstrakt analytisch
9. *Ich merke mir neue englische Wörter oder Sätze anhand ihrer Position auf einer Seite, der Tafel oder auf einem Straßenschild.*	konkret visuell
10. *Ich sage oder schreibe neue englische Wörter mehrere Male hintereinander.*	sequenziell verbal
11. *Ich versuche wie englische Muttersprachler zu reden.*	konkret verbal
12. *Ich übe die englische Aussprache.*	verbal
13. *Ich benutze mir bekannte englische Wörter in verschiedenen Zusammenhängen.*	global zufällig aktiv
14. *Ich initiiere englische Konversationen.*	konkret global aktiv
15. *Ich schaue mir englischsprachige Fernsehsendungen oder Filme an.*	konkret verbal /visuell zufällig
16. *Ich lese zum Vergnügen englischsprachige Texte.*	konkret verbal zufällig
17. *Ich schreibe Notizen, Nachrichten, Briefe oder Anzeigen auf Englisch.*	konkret
18. *Zunächst überfliege ich englische Textpassagen, bevor ich*	global

daraufhin noch einmal genauer lese.	zufällig
19. *Ich suche nach Wörtern meiner Muttersprache, die neuen englischen Wörtern ähneln.*	verbal sequenziell
20. *Ich versuche in der englischen Sprache Muster zu entdecken.*	abstrakt analytisch
21. *Ich begreife ein englisches Wort, wenn ich es in für mich verständliche Teile zerlege.*	abstrakt analytisch
22. *Ich versuche nicht wortwörtlich zu übersetzen.*	abstrakt reflektiv
23. *Ich fasse gehörte oder gelesene englische Informationen zusammen.*	analytisch reflektiv
24. *Um unbekannte englische Wörter zu verstehen, stelle ich Vermutungen an.*	zufällig aktiv
25. *Wenn mir im Gespräch ein Wort nicht einfällt, benutze ich Gesten.*	zufällig aktiv
26. *Ich erfinde neue Wörter, wenn ich die richtigen englischen Wörter nicht kenne.*	zufällig aktiv
27. *Ich schlage beim Lesen englischer Texte nicht jedes neue Wort nach.*	global zufällig aktiv
28. *Ich versuche vorauszusehen, was mein Gesprächspartner als nächstes sagen wird.*	abstrakt
29. *Wenn mir ein englisches Wort nicht einfällt, benutze ich ein Wort oder einen Satz, der dasselbe meint.*	zufällig aktiv

Die hier herausgearbeiteten Zusammenhänge decken sich größtenteils mit den in Kap. 3.2 vorgestellten Anstrengungen verschiedener Autor/innen, die der allgemeinen Lernstilforschung entlehnten Kategorien in den spezifischen Bezugsrahmen fremdsprachenunterrichtlicher Lernanforderungen zu setzen. Zwei Auffälligkeiten sollten dabei nicht unerwähnt bleiben:

Zum einen weist die Kategorie verbal/visuell im Zusammenhang mit den von Oxford formulierten Lernstrategien keine eindeutige Wechselbeziehung zu anderen Merkmalsausprägungen auf, wie Tab. 4 vor dem Hintergrund der Attribuierungen von Banner und Rayner (2000) vermuten ließ. Eine solche Beobachtung kann auf verschiedene Weise interpretiert werden.

Zunächst besteht die Möglichkeit, dass die Zuschreibungen Banners und Rayners nicht den Tatsachen entsprechen, sondern die Ausprägungen ggf. sogar konträr zugeordnet werden sollten, d. h. Verbalismus wäre eher eine Eigenschaft des regelorientierten Lernertyps und Visualismus entsprechend ein Kennzeichen für eine tendenziell kommunikative Orientierung. Tatsächlich erlaubt eine nähere Betrachtung der in Tab. 5 vorgenommenen Gegenüberstellung eine solche Lesart, da entsprechende Zusammenhänge hier minimal überwiegen. Da man insgesamt jedoch von einem relativen Gleichgewicht und somit nicht augenfälligen Wechselbeziehungen sprechen muss, könnte ein weiterer Deutungsversuch dahin gehen, dass die Dimension verbal/visuell tatsächlich doch nicht stilprägend ist, sondern, unter besonderer Berücksichtigung der in 3.2.2.2 vorgestellten *Dual Coding*-Theorie, lediglich eine der allgemeinen Faktorenkomplexion zuzurechnende Beschreibungsgröße.

An dieser Stelle soll jedoch einer dritten Interpretation gefolgt werden, nämlich der Annahme, dass Fremdsprachenlerner/innen durchaus zu einem vorzugsweise verbalen bzw. visuellen Stil neigen können, die jeweilige Ausprägung jedoch z. B. im Gegensatz zu den offensichtlichen Zusammenhängen zwischen abstrakt/analytisch bzw. konkret/global keine eindeutige Wechselwirksamkeit mit anderen Eigenschaften bedingt. Dieser Auffassung entspricht auch die zuvor geäußerte Forderung, etwaige Verknüpfungen nicht zu verabsolutieren, sondern als eingeschränkt begründbare Tendenz zu begreifen.

Die zweite Auffälligkeit ist weniger interpretationsbedürftig und bezieht sich auf die Tatsache, dass bis auf Item 28 alle von Oxford im SILL verwendeten Kompensationsstrategien (Items 24-29) bevorzugte Lernhandlungen des kommunikationsorientierten Lernertyps darstellen, sodass eine entsprechende Identifikation von Regelorientiertheit lediglich über die Ablehnung der jeweiligen Aussagen erfolgt. Ob hierin methodologische Schwächen zu erkennen sind, soll allerdings nicht weiter erörtert werden.

Wie in Kap. 4.1.1 empfohlen, kann der Gebrauch derartiger Instrumente sowohl zur allgemeinen Thematisierung von Lernpräferenzen als auch zum Zwecke einer damit verbundenen Auswertung und Berücksichtigung bezüglich der Unterrichtsgestaltung dienen.

In diesem Abschnitt wurde die inhaltliche Verflechtung praxisorientierter Beiträge der Fremdsprachenforschung mit theoretisch begründeten, im Rahmen der vorliegenden Arbeit kondensierten Denkmodellen weiter vorangetrieben. Sie mündet nachfolgend in die Darstellung alternativer Identifkationsverfahren.

4.1.3　Lernertagebücher und Sprachlernerinnerungen

Das *Lernertagebuch* sowie die *Sprachlernerinnerung* (*language learning his-*

tory) sind ebenfalls der Gruppe introspektiver Methoden zuzuordnen. Diese schriftlichen Verfahren sind sich prinzipiell ähnlich, unterscheiden sich jedoch dahingehend, dass eine Sprachlernerinnerung den Schwerpunkt auf vergangene Erfahrungen legt, während ein Lernertagebuch vornehmlich dazu dient, vergleichsweise aktuelle Lernhandlungen, -fortschritte und -ergebnisse möglichst zeitnah zu dokumentieren. Zudem sind Sprachlernerinnerungen bisweilen emotionaler gefärbt: „Histories look to the past instead of the present and sometimes show greater emotion than diaries." (Oxford 1995:583).

In einer Sprachlernerinnerung fasst der/die Lerner/in also Gefühle und Erfahrungen eines längeren Zeitraums in Erzählform zusammen. Thematisch drehen sich diese Erzählungen oft um Motivation, Sprachverwendungsangst, Selbstbewusstsein, Lernstrategien und Lernstile (vgl. ebd.). Inwiefern letztere dabei von den Lerner/innen selbst als übersituativ charakteristische Lernpräferenzen wahrgenommen werden ist wohl zunächst zweitrangig, da eine entsprechende Auslegung schließlich seitens der Lehrkraft, ggf. auch in Zusammenarbeit stattfinden kann. Eine Sprachlernerinnerung, oder auch *Erinnerungsstudie*, erfasst situative Kognition (*situated cognition*), d. h. einen Lernprozess im Kontext einer spezifischen Situation, gepaart mit jeglicher Art von Umwelteinflüssen (vgl. ebd.).

Beide Methoden sind m. E. problembehaftet, wobei die Sprachlernerinnerung in noch stärkerem Maße kritisch beäugt werden sollte, wenn es darum geht, brauchbare Verfahren zur Ermittlung stilprägenden Lernverhaltens zu bewerten.

Zum einen handelt es sich hierbei wiederum um eine retrospektive Praktik, deren fokussierte Lernhistorie ggf. einen sehr großen Zeitraum einschließt. Es ist somit die Präzision entsprechender Äußerungen zum einen hinsichtlich des zeitlichen Abstands zur eigentlichen Lernhandlung, zum anderen in Bezug auf die Anzahl der in diesem Zeitabschnitt subsumierten Lernsituationen zu bezweifeln.

Darüber hinaus ist zu hinterfragen, ob eine per definitionem emotional geprägte Darstellung eine brauchbare Grundlage für die nähere Beschreibung des kognitiven Lernstils liefern kann oder eher als Quelle zur Bestimmung sozial-affektiver bzw. persönlichkeitsorientierter Stile taugt.

Zuletzt ist auch die Auswertung derartiger Aufzeichnungen kompliziert. Da wohl zunächst nicht davon auszugehen ist, dass die betreffenden Lerner/innen über ein entsprechendes Vokabular zur Beschreibung stilbezogener Themen verfügen (ein Nachteil, der in Bezug auf Fragebögen weitgehend irrelevant ist, da die Konzeption dieser schon vor der eigentlichen Erhebung von Fachleuten durchgeführt wurde), fallen subjektive Deutungen des Untersuchers/der Untersucherin mehr ins Gewicht.

Grotjahn (1987; zit. n. Oxford 1995:583f) betont die Abhängigkeit der Validität introspektiver Verfahren von zwei Kriterien: Einerseits die Beziehung zwischen Befragte/m/r und Befrager/in, deren Qualität hinsichtlich extremer Zu- oder Abneigung die Gültigkeit einer Untersuchung stark beeinflussen könne, andererseits der Grad der Bewusstheit des/der Befragten bezüglich der Aufmerksamkeit, des eigenen Bewusstseins, der Zielgerichtetheit sowie der Kontrolle.

Die genannten Kritikpunkte gelten nur bedingt für Lernertagebücher, da diese generell zeitlich näher zur Lernhandlung angefertigt werden. Ein Mangel verfügbarer Terminologie sowie die vergleichsweise komplexere inhaltsanalytische Auswertung dürften jedoch auch hier Anwendung finden.

Ein diesbezüglich interessanter Untersuchungsansatz wäre m. E. die Betrachtung des verstärkten Einsatzes so genannter Sprachenportfolios, die verschiedene Varianten des Lernertagebuchs beinhalten und deren konzeptuelle Zielsetzung u. a. auf einer Vergleichbarkeit individueller Sprachlernkarrieren basiert.

4.1.4 Lautes Denken

Die Methode des *Lauten Denkens* (*think aloud*) komplettiert die gängigsten introspektiven Verfahren. Dabei werden die Proband/inn/en dazu aufgefordert, ihre Gedanken, Gefühle und Handlungen während des Lösens eines Problems laut zu verbalisieren. Die Protokollierung mittels Notizen und ggf. Audio- bzw. Videoaufzeichnung ermöglicht schließlich die nachträgliche Auswertung des gewonnenen Datenmaterials.

Ein wesentlicher Vorteil gegenüber den bisher vorgestellten Methoden liegt darin, dass die individuelle Beschreibung der Lernhandlung nahezu in Echtzeit erfolgt. Dadurch kann zumindest der Validitätsgrad deutlich gesteigert werden, weil die Lerner/innen bei ehrlicher Durchführung nicht die Zeit haben, über evtl. unwahrheitsgemäße Äußerungen nachzudenken. Zudem besteht eine erhöhte Wahrscheinlichkeit, dass aufgrund der zeitlichen Nähe die mentalen Prozesse tatsächlich vergleichsweise präziser geschildert werden können.

Demgegenüber verlangt dieses Verfahren ein erhöhtes Maß an Offenheit und Selbstoffenbarungswillen auf Seiten der Lerner/innen, eine Voraussetzung, die wiederum stark von der Beziehung zum/zur Untersucher/in, in unserem Fall der Lehrkraft, abhängen dürfte.

Darüber hinaus ist die Methode des Lauten Denkens im Rahmen des Unterrichtsalltags ggf. schon aus Kapazitätsgründen auszuschließen, wie Tönshoff (2001:209) bezüglich der Verwendung introspektiver Erhebungen treffend resümiert:

> „Für den schulischen Fremdsprachenunterricht ist zu vermuten, dass der Einsatz von Einzelinterviews und introspektiven Verfahren wegen ihres beträchtlichen Zeitaufwandes und ihrer Qualifikationsvoraussetzungen nur ‚exemplarisch' und primär in bewusstmachender Funktion sinnvoll sein dürfte. Für eine alle Schüler abdeckende diagnostische Erfassung von Strategien(teil)repertoires erscheinen hingegen vor allem solche Instrumente geeignet, die von den Mitgliedern der Lernergruppe zeitlich parallel bearbeitet werden können und auch leichter auszuwerten sind (also z.B. Lernerfragebögen)."

Welche (nicht auf der Selbstbeobachtung beruhenden) Möglichkeiten sich zur Identifikation bzw. thematischen Sensibilisierung von Lernstilen noch anbieten, soll in einem weiteren Teilkapitel zusammengetragen werden.

4.1.5 Weitere Alternativen zum Zwecke der Thematisierung unterschiedlicher Lernstile

Es wurde schon wiederholt dazu angeregt, Lernstile nicht als fixe charakterliche Komponenten von Lerner/innen zu verstehen – ein Standpunkt, der in Bezug auf die geschilderten konzeptuellen Verwahrungen auch schwer zu legitimieren ist – sondern als relativ stabile Eigenschaften, die gleichzeitig eine den spezifischen Entwicklungsstand abbildende Momentaufnahme kognitiver Verhaltensmuster repräsentieren. Insbesondere im Zusammenhang mit Kindern und Jugendlichen sollten hier keine voreiligen Schlüsse gezogen werden, eine Gefahr, die mit dem Vertrauen in und dem willkürlichen Gebrauch von vorstehend genannten Methoden steigt.

Da jedoch eine regelmäßige, eventuelle Veränderungen des Lernverhaltens berücksichtigende methodische Überprüfung aus genannten Gründen v. a. hinsichtlich der zeitintensiven Auswertung im Unterrichtsalltag schwer zu realisieren sein dürfte, kommt der permanenten Sensibilität für und Beobachtung von thematisch relevanten Verhaltensweisen eine wichtige Bedeutung zu:

> „The informal diagnostic approach, which gets its information from student feedback and keen observation, will permit teachers to operationalize the definition of learning style with ease and without waiting for a perfect formal diagnostic instrument." (Hyman & Rosoff 1984:40)

Während der hier von Hyman und Rosoff geäußerten Leichtigkeit unterrichtlicher Operationalisierungen des Lernstilbegriffs nicht beigepflichtet werden kann, da es m. E. einer vergleichsweise höheren diagnostischen Kompetenz bedarf von allgemeinen Beobachtungen auf kognitive Lernmuster zu schließen, ist dem Grundtenor einer potenziellen Aufwertung durch stilbewusste Aufmerksamkeit durchaus zuzustimmen.

Weiterhin nennt Grotjahn (1998:14) das Verfahren der Produktanalyse z. B. von Lektürenotizen, aber auch fremdsprachlichen Äußerungen, als Mittel, vermeintliche Stiltendenzen aufzudecken. Im Vergleich zu genannten introspektiven Methoden besteht hierbei weniger die Gefahr potenzieller Verzerrungen durch die Beziehung zwischen Lerner/in und Lehrkraft. Andererseits verzichtet die Produktanalyse auf die für eine Einordnung möglicherweise wertvollen Gedanken der Lerner/innen.

Zwei interessante Alternativen stellt Christison (2003:276f) vor: Sie berichtet von Lernstilinventaren, die sie im Rahmen der unterrichtlichen Thematisierung von Lernstrategien und -stilen mit den Lerner/innen gemeinsam entwickelt hat. Demzufolge könnten in einem offenen Gespräch (*brainstorming*) zunächst typische Lernhandlungen gesammelt und in einem weiteren Schritt entsprechenden Dimensionen zugeordnet werden, bevor schließlich jede/r für sich noch einmal darüber nachdenkt, welche Strategien er/sie besonders gern bzw. häufig benutzt.

Man könne ferner die Ergebnisse des Brainstormings für die Entwicklung eines interaktiven Spiels nutzen. Dabei werde allen Lerner/innen ein Laufzettel ausgeteilt, mit der Aufgabe „Finde jemanden der...", wobei der Satz jeweils mit den in Listenform aufgeführten Lernstrategien ergänzt wird (vgl. Abb. 8).

Interactive search and find
Directions: You will need to get up and out of your seats and talk with your classmates. Find someone for whom the following statements are true. Get signatures from your classmates. They should sign their names in the blank spaces under the statements. Try to get as many different signatures as you can.

Find someone who . . .   **Name**
1. learns new information more effectively step-by-step. _____
2. knows how to use an English/English dictionary. _____
3. knows how to find information on the Internet. _____
4. learns best when interacting with other people. _____
5. can read a passage and pick out the main ideas. _____
6. knows how to use an encyclopedia. _____
7. is good at taking notes. _____
8. notices temperature, sound, and light in the classroom. _____
9. likes to take risks in learning. _____
10. knows how to cooperate in a group. _____
11. is good at using information to guess meaning. _____
12. asks questions to get additional information. _____
13. learns best when interacting with other people. _____
14. is a fluent language learner. _____
15. learns more effectively through hearing language. _____
16. learns more effectively through hands-on material. _____

Abb. 8: Vorschlag zur spielerischen Thematisierung von Lernstilen (Christison 2003:278)

Diese spielerische Variante eignet sich sicherlich insbesondere für jüngere Lerngruppen, allerdings bietet sie auch für Jugendliche und Erwachsene eine gelungene Kombination aus informativer bzw. sensibilisierender Unterrichtsaktivität und einer Möglichkeit, die soziale Interaktion innerhalb der Gruppe anzuregen oder zu untermauern.

In diesem Abschnitt wurden zahlreiche Methoden der Identifikation von potenziell stilprägendem Lernverhalten vorgestellt, verglichen und v. a. hinsichtlich ihrer Limitationen beurteilt. Ist eine Lehrkraft in der Lage mithilfe einzelner oder kombinierter Verfahren Lernstile zu erfassen, so stellt sich in einem weiteren Schritt die Frage, wie mit den gewonnenen Erkenntnissen bezüglich der Unterrichtsgestaltung umzugehen ist. Diesbezüglich haben sich zwei Ansätze herauskristallisiert, deren kontrovers diskutierten Implikationen im folgenden Teil der Arbeit dargestellt werden.

4.2 Matching oder Stretching?

Diese Frage berührt den Kern der Lernstilforschung, die sich letztlich auch dadurch legitimiert, dass ihre Erkenntnisse einen Wert für pädagogische und didaktische Überlegungen implizieren. Es gehen jedoch die Meinungen oft darüber auseinander, ob dem Glauben an grundlegend verschiedene Lernzugänge eine entsprechende Ausrichtung der Lehrmethoden sowie eine gleichermaßen passungsorientierte Aufbereitung des Unterrichtsmaterials folgen sollte (*matching*), oder ob genau das ein Trugschluss ist, weil Fortschritt und kognitive Vielfalt lediglich über den Weg der Herausforderung erreicht werden können (*stretching*).

Im Zusammenhang mit ersterem Ansatz werden gerne empirische Befunde angeführt, die eine Passung von Lern- und Lehrstil offenbar stützen. Given (1996:11) berichtet diesbezüglich z. B. von statistisch signifikanten Lernerfolgsquoten, die auf lernstilgerechten Unterricht zurückzuführen seien. Darüber hinaus sei neben bewiesenermaßen besseren Leistungen auch eine damit einhergehende größere Zufriedenheit der Lernenden zu verzeichnen, eine Kombination, die aus didaktischer Hinsicht das *matching* „äußerst vielversprechend" erscheinen lasse (Schulz-Wendler 2001:31).

Auch Oxford (2001:5) bemerkt die Notwendigkeit des Wissens um individuelle Stilunterschiede in einer Lerngruppe, das die Basis für eine Orientierung der Instruktion an eben jenen Präferenzen sei.

Tatsächlich scheint die Frage berechtigt, wozu man denn überhaupt Lernstile definiert bzw. identifiziert, wenn nicht eine zwingende Berücksichtigung und voraussichtliche Verbesserung der ausschlaggebende Hintergrund ist.

Es gibt jedoch ebenso Anzeichen dafür, dass die Prämisse der Passung von Lehr- und Lernstil tatsächlich nicht so eindeutig bekräftigt werden kann, wie manche Autor/innen es gerne sähen. Mit Bezug auf Smith, Sekar und Townsend (2002:411) relativieren Coffield et al. (2004:121ff), dass es für jede Studie, die das Prinzip des *matching* unterstütze, eine andere gebe, die diesen Ansatz widerlege. Auch die Autoren selbst betonen, dass sie im Rahmen ihrer breit angelegten Analyse keine nennenswerten empririschen Befunde aufgespürt hätten, die Zusammenhänge zwischen einer Passung und besseren Lernleistungen nahe legten. Es sei darüber hinaus auch wenig hilfreich und v. a. unrealistisch, von der Lehrkraft zu erwarten, dass sie den Lernstilen aller Lerner/innen entspreche. In die gleiche Richtung argumentieren Friedman und Alley (1984:78): „Teachers do not have time to juggle classes of 30 or more students while giving attention to 20 or more style preference factors for each individual student." Ein solcher Einwand dürfte zumindest in den Ohren derjenigen überzeugend klingen, die Fremdsprachenunterricht mit ähnlichen Gruppengrößen hautnah erlebt haben.

Es gibt also abgesehen von der unentschiedenen Forschungslage unterrichtspraktische Gründe, die eine bedingungslose Passung schwierig erscheinen lassen: „[...] the task of matching learning and teaching styles within the practical world of the classroom is fraught with difficulties." (Doyle & Rutherford 1984:22).

Wenn man allerdings in der Berücksichtigung einer Harmonie zwischen Lehrmethoden einerseits und Lernvorlieben andererseits ohnehin keinen Sinn sieht, so stellt sich erneut die Frage: Wieso sollte der Ermittlung dieser Lernvorlieben eine erhöhte Aufmerksamkeit entgegengebracht werden?

Die Antwort hierauf geben zahlreiche Autor/innen in Form des u. a. in der Pädagogik viel beachteten Komfortzonenmodells. Danach könne das Wissen über verschiedene Lernstile genutzt werden, um eine behutsame Nicht-Passung (*mismatching*) zu betreiben. Demzugrunde liegt die Annahme, dass Lerner/innen nur Lernstrategien verwenden würden, die ihrem individuellen Stil, ihrer Komfortzone entsprächen. Es gebe jedoch zahlreiche Gründe dafür, dass eine Ausdehnung (*stretching*) dieses Komfortbereichs gleichermaßen von Vorteil und erforderlich sei.

Welche Gründe spielen diesbezüglich eine entscheidende Rolle?

Einen eher prosaischen Zugang zu dieser Thematik wählt Grasha (1984:51), wenn er fragt: „How long can people tolerate environments that match their preferred learning style before they become bored?" Er nimmt also die Lernerperspektive ein und impliziert eine mit der Passung einhergehende Lethargie bei fehlender, die Ausprägungen anderer Stile fordernder Stimulation. Eine solche Dialektik ist m. E. plausibel, wenn man die zuvor herausgearbeiteten Zusammenhänge bedenkt: Demnach kann man zwischen eher kommunikationsbasierten und vornehmlich regelgeleiteten Lernstilen unterscheiden, welche jeweils spezifische Stärken und Schwächen einschließen. Letztere werden dem/der Lerner/in in einer durchschnittlichen Unterrichtsumgebung permanent vor Augen geführt, nämlich immer dann, wenn entsprechend konträre Lernertypen die eigenen Schwächen mit Leichtigkeit überwinden zu können scheinen. Unter rigoroser Passung müsste man wiederum verstehen, dass die Lehrkraft ausschließlich die Bewältigung solcher Aufgaben fordert, die dem individuellen Lernstil entsprechen. Da die Lernhandlung voraussichtlich zum Erfolg führen wird, erhält der/die Lerner/in stets eine positive Rückmeldung.

Es gäbe in einem derartigen Szenario also eine permanente Diskrepanz zwischen *scheinbarem* Lernerfolg und *tatsächlichem* Lern(miss-)erfolg, mit dem über Grashas Sorge um Langeweile hinaus gehenden Zusatz anzunehmenden Dauerfrusts.

Andere Autor/innen gründen ihre Forderung nach *stretching* auf einem holistischeren Argumentationsfundament. Grotjahn (1998:15) sieht die „kognitive und affektive Flexibilität [...] als eine entscheidende Voraussetzung für ein effizientes Lernen in der modernen Informationsgesellschaft.". Etwas präziser drücken Friedman und Alley (1984:78) den gleichen Sachverhalt aus:

> „This 'style flex' is essential in a complex society which places increasing value on visual or auditory learning but insists that its youth be able to manipulate the computer keyboard with the same facility with which they read a newspaper or listen to a lecture."

Die vergleichsweise allgemein gültige Darstellung an dieser Stelle verdeutlicht die Relevanz eines solchen Ansatzes über die Grenzen des Fremdsprachenunterrichts hinaus. Wie aber kann eine Nicht-Passung im Zusammenhang mit dem hier erörterten Interessensbereich aussehen?

Eine Öffnung für stilfremde Lern- und Lehrmethoden kann abermals in Form einer gezielten Thematisierung und anschließender Entwicklung fremdsprachenrelevanter Lernstrategien stattfinden. Demnach wären vorzugsweise abstrakte Lerner/innen gut beraten, die Strategie „Ich schaue mir englischsprachige Fernsehsendungen oder Filme an." zu beherzigen, um die Zielsprache in einem authentischen Kontext zu erleben und ggf. allmählich ein besseres Gefühl für kommunikative Anlässe zu entwickeln – eine vermeintlich leicht umsetzbare Ausdehnung des eigenen Strategierepertoires.

Es stellt sich jedoch spätestens dann wieder die Frage, inwieweit Lernstile überhaupt veränderbar sind, wenn man einen eher konkret ausgerichteten Lernertyp zum Training folgender Strategie auffordert: „Ich versuche in der englischen Sprache Muster zu entdecken." Der/die Lerner/in könnte zunächst an der Aufgabe verzweifeln, eine Vermutung, die auch die Reibungsstelle zwischen Stil- und Fähigkeitsbegriff wieder offen legt.

Man kann an dieser Stelle einen diplomatischen Erklärungsversuch Kolbs heranziehen, dessen Auffassung über die Stabilität von Lernstilen der im Zusammenhang der vorliegenden Arbeit (vgl. Kap. 4.1.1) gewählten Definition inhaltlich nahe steht. Kolb geht von einer situativen Anpassungsfähigkeit aus, wonach Lerner/innen bis zu einem gewissen Grad stilfremde Aufgaben relativ erfolgreich bearbeiten, jedoch niemals das Fertigkeitsniveau eines naturgemäß den Anforderungen eher entsprechenden Lernertyps erreichen könnten (vgl. Kolb 1981; zit. n. Schulz-Wendler 2001:30). Folgt man diesem Standpunkt, so können daraus zwei wichtige Einsichten resultieren.

Zum einen legitimiert die grundsätzliche Fähigkeit zu stilerweiternden Maßnahmen die Förderung schwächer ausgeprägter Eigenschaften sowohl im Zusammenhang mit dem Fremdsprachenlernen (ein bezüglich der Vereinigung regelbasierter und kommunikativer Stärken zu erzielender Mehrwert wurde bereits betont), als auch vor dem Hintergrund der zuvor angeführten übergeordneteren Erträge, die dem *stretching* beigemessen werden.

Diesbezüglich sollte noch einer Warnung Ausdruck verliehen werden, der in zahlreichen Beiträgen eine besondere Bedeutung zugeschrieben wird (vgl. Friedman & Alley 1984:77; Häuptle-Barceló 1995:59; Oxford 2003:16). Viele Fremdsprachenlehrer/innen setzten entweder stillschweigend voraus, dass sie zur Vermittlung jeglicher Lernstrategien in der Lage seien oder sie lehrten unbewusst auf der Basis der Annahme, dass ihr eigener Lernstil notwendigerweise der effektivste Weg für alle Lerner/innen sei. Um dieser Gefahr zu entgehen bestünde die unbedingte Notwendigkeit, sich eingehend mit dem eigenen Lernstil, insbesondere aber mit einer breiten Palette von Lehrstilen auseinanderzusetzen, um vor diesem Hintergrund eine Erweiterung der Lernstile von Schüler/innen überhaupt erst ermöglichen zu können.

Weiterhin ist die unter Berücksichtigung Kolbs Auffassung wichtige Einsicht zu vermerken, dass ein ausschließlich oder übermäßig nicht-passungsorientierter Unterricht mindestens ebenso verlustbringende Auswirkungen haben kann, wie das zuvor als wenig sinnvoll bewertete reine *matching*. Diese Meinung teilen z. B. Smith und Renzulli (1984:46), die davor warnen, ein absichtliches *mismatching* nicht mit äußerster Vorsicht durchzuführen, da andernfalls unerfreuliche Folgen zu erwarten seien, wenn Lerner/innen über einen zu langen Zeitraum mit stilfremden Lehrmethoden und -umgebungen konfrontiert würden.

Der Schlüssel zum Erfolg scheint also auch hier in der Wahl eines Mittelweges zu liegen. Demzufolge sollten Erkenntnisse zu Lernstilen einerseits dazu genutzt werden, Lerner/innen in ihren Stärken zu bestätigen und regelmäßige Erfolgserlebnisse zu ermöglichen, andererseits sollten im Interesse des Lerners/der Lernerin gezielte Maßnahmen ergriffen werden, den mit dem eigenen Lernstil verbundenen Defiziten zu begegnen. Wie in diesem Zusammenhang existierende Lernstrategietrainingsprogramme zu bewerten sind, wird Inhalt des Kap. 4.3.2 sein.

Eine diese Komponenten einbeziehende Alternative sehen zahlreiche Autor/innen in der Fokussierung des Lehrstils. Felder (1993:289) spricht sich z. B. dafür aus, die Lernstile der Lerner/innen erst gar nicht zu identifizieren, sondern gemäß dem Lernzyklus[45] zu unterrichten. Auf diese Weise berücksichtige man zwangsläufig alle möglichen Ausprägungen und laufe nicht Gefahr, bestimmte Stile zu vernachlässigen oder zu bevorzugen (z. B. den eige-

---

[45] der Lernzyklus ist Teil der *Theorie des Erfahrungslernens* nach Kolb (1984). Vgl. hierzu Kap. 3.2.4.

nen, s. o.). Ähnliche Vorschläge unterbreiten Davis, Nur und Ruru (1994:13) sowie Christison (2003:273f).

Nachdem nun sowohl verfahrenspraktische Schwierigkeiten beleuchtet als auch Fragen zum Umgang mit verschiedenen Lernstilen beantwortet wurden, soll in einem weiteren, abschließenden Teil noch darauf eingegangen werden, wie die bisher genannten Empfehlungen konkret in den Fremdsprachenunterricht eingebunden werden können.

4.3 Lerninhalte vor dem Hintergrund eines stilorientierten Lehrstils

Unter Berücksichtigung der vorangegangenen Teilabschnitte werden nun praktische Handlungsoptionen dargelegt, die einem alle relevanten Stildimensionen einbeziehenden Lehransatz entsprechen.

Außerdem wird der Blick noch einmal auf Lernstrategien gerichtet, insbesondere hinsichtlich der Möglichkeit, diese im Rahmen des Fremdsprachenunterrichts gezielt zu vermitteln.

4.3.1 Integrative Berücksichtigung stilrelevanter Faktoren

Der Anspruch, einen Fremdsprachenunterricht durchzuführen, der alle als wesentlich befundenen Stilausprägungen integriert, dürfte auf viele Lehrkräfte vermessen, auf andere vielleicht bedrohlich wirken. Derartige Vorbehalte scheinen umso berechtigter, bedenkt man die ohnehin schon große Bandbreite von Faktoren, denen die Lehrkraft gerecht werden soll und möchte. Eine diesbezügliche Skepsis können zwei entwarnende Hinweise ggf. relativieren.

Erstens: Jeder Lehrstil wird zwangsläufig eine Berücksichtigung einiger, vieler oder möglicherweise sogar aller Dimensionen einschließen. Einerseits wurde schon darauf aufmerksam gemacht, dass der Lehrkraft selbstverständlich auch ein eigener Lernstil innewohnt, dessen konstituierende Ausprägungen sowohl Vorbereitung als auch Durchführung des Unterrichts nachhaltig prägen. Zudem ist der Lernstilbegriff Gegenstand zahlreicher moderner Lehrwerke – wenn nicht explizit, dann zumindest im Rahmen einer konzeptuellen Berücksichtigung abwechslungsreicher Aufbereitungsformen der Lerninhalte.

Somit werden unterschiedliche Zugänge zum Lernen schon bis zu einem gewissen Grad durch das Unterrichtsmaterial bedient. Primäres Ziel muss es demgemäß nicht sein, Lernstilen überhaupt Aufmerksamkeit zu schenken – diese Voraussetzung ist weitgehend schon erfüllt – sondern bewusst zu entscheiden, wann welche Merkmale auf welche Weise sinnvoll in Szene gesetzt werden können.

Zweitens: Der hier betrachtete Ansatz sollte eher als Ambition verstanden werden, eine allmähliche Sensibilisierung des eigenen Lehrverhaltens für stilbezogene Beschreibungsgrößen zu entwickeln, mit dem Ziel, eine Balance bezüglich deren bipolar verstandener Ausprägungen herzustellen und zu erhalten. Keinesfalls sollte an dieser Stelle geschlussfolgert werden, dass eine drastische Veränderung des eigenen Lehrstils und eine ausschließliche Konzentration auf Lernstile zwingend einen besseren Unterricht ausmachen. Zum einen steht in diesem Zusammenhang die Authentizität der eigenen Persönlichkeit auf dem Spiel, zum anderen besteht die Gefahr einer Überbewertung des Lernstilkonstrukts: „[...] learning style clearly cannot be a sole basis for designing instruction." (Doyle & Rutherford 1984:23).

Nachfolgende Überlegungen sollten als Anregungen begriffen werden, Fremdsprachenunterricht gemäß der in 3.3 formulierten Selektion anzulegen. In Klammern werden diesbezüglich jene Ausprägungen ergänzt, denen die Berücksichtigung des entsprechenden Vorschlags gilt.

- Mit Bezug auf die Vorteile einer tiefen gegenüber einer oberflächlichen Verarbeitung von neuen Informationen, sollten insbesondere „trockene" Lerninhalte wie z. B. Vokabeln oder grammatische Regeln im Kontext lebenspraktischer Bezüge präsentiert werden, anstatt zur bloßen Memorierung anzuregen, um so eine Verknüpfung mit Vorwissen i. S. einer Einordnung in einen Regelapparat bzw. den Wortschatz zu erleichtern. (abstrakt, global)
- Vor allem, aber nicht nur im Anfängerbereich liegt der Schwerpunkt oft auf der Präsentation konkreter Informationen, die über den Weg des Auswendiglernens oder des Drills behalten werden können (z. B. Verbtabellen, Vokabeln, Konditionalsätze). Diesbezüglich gilt es, auch die abstrakten Lernertypen zumindest impulsartig zu berücksichtigen, bei-

spielsweise durch die Thematisierung komplizierter Ausnahmeregelungen bei der Verbflektion oder beim Satzbau. Auch die Kontrastierung der Zielsprache mit der Muttersprache oder semantische Muster gehen in diese Richtung. (abstrakt, analytisch)
- Sequenzielle Lerner/innen bevorzugen eine strukturierte Unterrichtsgestaltung in Form deduktiver Vermittlungsmethoden. Diese sollten nicht zugunsten eines rein kommunikativen Ansatzes vollständig aufgegeben werden. Vielmehr sollten auch hier Mischvarianten (z. B. *angeleitete Entdeckung*, vgl. Kap. 3.2.6.2) in Erwägung gezogen werden. (sequenziell, analytisch)
- Ein ähnliches Aufmerksamkeitsmaß sollte zufälligen, lieber induktiv lernenden Schüler/innen zugestanden werden. Sie werden sich über kommunikative Aktivitäten freuen, deren Ausgang eher offen ist (z. B. Debatten). Gleichermaßen sind sie an authentischem Sprachmaterial und kulturellen Hintergründen interessiert, wofür Filme oder die Einladung eines Muttersprachlers geeignet sind. (zufällig, global)
- Naturgemäß werden verbale Lerner/innen im Rahmen des Fremd*sprachen*unterrichts mehr bedient. Es gilt, auch visuelle Lernertypen zu versorgen. Neben Film- und Videopräsentationen können Theaterstücke u. ä. zweckdienlich sein. Ein gelungenes Beispiel für die Visualisierung eher abstrakter, sprachlicher Konzepte zeigt Abb. 9. (visuell, global)

Abb. 9: Beispiel einer Visualisierung abstrakter Konzepte (McCracken 2007)

- Um reflektiven Lernertypen gerecht zu werden, sollte nicht die komplette Unterrichtszeit auf Informationsinput verwendet werden. Bewusst eingeplante, ggf. kurze Pausen könnten reflektiven Lerner/innen die Chance einräumen, gemäß ihrer Stärken über die neuen Informationen nachzudenken, um sich in einem weiteren Schritt aktiver beteiligen zu können. Der Geduld der Lehrkraft kommt insbesondere in offenen Gruppengesprächen Bedeutung zu, wenn reflektive Lerner/innen um Antworten „ringen" (Brown 1987:91). Schreibübungen kommen dieser Gruppe zugute. (reflektiv)
- Demgegenüber sollten aktiven Lerner/innen Übungen angeboten werden, bei denen sie sowohl ihre Spontaneität als auch ihre Extraversion, d. h. ihre Präferenz für gemeinschaftliches Lernen einbringen können. Hierfür kämen Improvisationstheater oder wettbewerbsbetonte Aktivitäten in Frage, z. B. Vokabelspiele. Auch die Erlaubnis zu gemeinsamer Hausaufgabenerledigung könnte hier positive Auswirkungen zeigen. Brown (ebd.) weist darauf hin, dass viele Lehrer/innen auf Fehler

aktiver Lernertypen zu schroff reagierten, ein feinfühligerer Umgang sei hier angebracht. (aktiv)

Es wurden vorstehend einige Anstöße zur Gestaltung eines integrativen Lehransatzes gegeben. Dabei wurden bis auf die Ausprägungen verbal und konkret alle in 3.3 genannten Merkmale mit Inhalt gefüllt. Die sachgemäß unweigerliche Berücksichtigung verbaler bzw. konkreter Lernertypen wurde bereits betont; selbstverständlich impliziert ein integrativer Standpunkt auch eine als unwahrscheinlich vermutete Notwendigkeit diesbezüglich ausgleichender Maßnahmen.

Hinsichtlich der Planung eines in diesem Sinne angelegten Fremdsprachenunterrichts machen Oxford et al. (1992:453) einen reizvollen Vorschlag. Es sei hilfreich, Ablaufpläne zu „codieren", d. h. jegliche Unterrichtsschritte dahingehend zu kennzeichnen, welche Ausprägung sie vornehmlich forderten. So habe die Lehrkraft einen permanenten Überblick, welche Lernstile schon „versorgt" seien und welche wiederum noch eingebunden werden müssten. Sie schlagen ein Kürzelsystem vor (z. B. *A* für analytisch, *G* für global), dessen Anwendung im Rahmen der Unterrichtsvorbereitung in kürzester Zeit zur Routine werden könne. Oxford et al. sehen in dieser Planungsmethode den großen Vorteil, dass eine solche Absicherung die Angst reduziere, etwas Neues auszuprobieren:

> „Knowing that some experiences of each class period have been planned to fall within the stylistic comfort zone of each student puts in place an invisible safety net that reduces the fear of trying something new." (ebd.)

Der an dieser Stelle vorgestellte Ansatz legt den Schwerpunkt auf die Sicht- und Handlungsweise der Lehrkraft, d. h. das Wissen über die Verteilung unterschiedlicher Lernstile der spezifischen Lerngruppe ist keine Voraussetzung. Vielmehr handelt es sich hierbei um eine universelle Lehrweise, die auf alle Fertigkeitslevel, Altersstufen etc. übertragbar ist.

Demgegenüber verlangt ein Strategietraining zumindest grobe Einblicke in das Lernstilprofil des Lerners/der Lernerin oder der Lerngruppe, um vermeintliche Schwächen gezielt beeinflussen zu können, wie der folgende Abschnitt verdeutlichen wird.

4.3.2 Gezieltes Strategietraining

Hintergrund eines gezielten Strategietrainings ist die Haltung, dass Lerner/innen nur auf diese Weise zu einer langfristigen Verbesserung ihres Lernverhaltens geführt werden können. Es wird hier gleichermaßen die Unbrauchbarkeit von eher oberflächlich anmutenden Ratschlägen oder *Lerntipps* impliziert, wie sie insbesondere im Zusammenhang mit der Lerntypentheorie und ihr nahe stehenden pädagogischen Richtungen gerne formuliert werden (vgl. Kap. 2.3). Tatsächlich ist zu bezweifeln, ob Empfehlungen wie z. B. „Vor dem Lernen nicht zu viel Essen. Ein voller Bauch studiert nicht gern." (www.lerntippsammlung.de, vgl. Lochmann 2007) einen Wandlungsprozess kognitiver Verarbeitungsweisen initiieren kann. Auch wenn das vermutlich nicht die primäre Intention des Autors vorstehenden Beispiels ist, so wird doch deutlich, dass es einer seriösen und darüber hinaus möglichst bereichsspezifischen Vermittlung erfolgsversprechender Lerntechniken und -strategien bedarf, um i. S. eines behutsamen *stretching* stilfremde Eigenschaften auszubilden.

Zweck dieses letzten Abschnittes ist es nicht, einen umfassenden Einblick in das weite Feld der Lernstrategieforschung zu gewähren. Vielmehr sollen überblicksartig zentrale Begrifflichkeiten vorgestellt werden, auf deren Grundlage der Leser/die Leserin eine grobe Vorstellung von Zweck, Inhalt und Umfang eines Strategietrainings erhält.

Der Begründungszusammenhang eines gezielten Trainings von Lernstrategien im Fremdsprachenunterricht liegt, neben der im Rahmen der vorliegenden Arbeit relevanten Vermittlung von Alternativen zum individuellen, stilgeprägten Strategienrepertoire, in der Ausbildung *autonomen* Lernverhaltens.

Mit Bimmel und Rampillon (2000:2) wird von autonomem Lernen gesprochen, „wenn Lernende in die Lage versetzt werden, zentrale Entscheidungen über ihre Lernprozesse selbst zu treffen." Oxford und Nyikos (1989:297) sprechen in diesem Zusammenhang von der Notwendigkeit „to gain self-control and autonomy through strategy use." Dieser Anspruch bezieht sich in erster Linie auf den Bereich metakognitver Strategien, die u. a. das Auswählen, Überwachen und Auswerten eigener Lernhandlungen ermöglichen (vgl. Oxford 2001:363).

Für den Bereich der kognitiven Lernstile hingegen ist v. a. die Ausbildung jener Strategien interessant, die den Wirkungskreis kognitiver bzw. – in Anlehnung an oben gewählte Terminologie – direkter Lernstrategien berühren. Eine solche Beschränkung des *Trainingsgegenstands* ist mit Tönshoff (2001:206ff) der erste Schritt für Lehrkräfte, die an der Durchführung eines Strategietrainings interessiert sind. Darüber hinaus muss entschieden werden, ob das Training *separat*, d. h. unabhängig vom eigentlichen Unterrichtsgegenstand, oder *integriert*, d. h. auf die spezifischen strategischen Anforderungen des Faches ausgerichtet, stattfinden soll. Diesbezüglich ist für eine Ausbildung kognitiver Lernstrategien im Zusammenhang mit einer Fremdsprache wohl zwingend letztere Variante zu wählen.

Es wird weiterhin zwischen drei verschiedenen Ausprägungsgraden hinsichtlich der *Expliziertheit* von Trainingsmaßnahmen unterschieden. Demnach schließt ein *blindes Training* keine Reflexion der Lerner/innen ein, sondern beschränkt sich auf die Lösung einer bestimmten Aufgabengruppe. *Ein informatives Training* umfasst darüber hinaus Informationen zu Nutzen, Wirkung und Einsatzbreite. Schließlich legt das *selbstkontrollierte Training* einen zusätzlichen Schwerpunkt auf die Metakognition, d. h. die Beurteilung des Strategieerfolgs und eine eventuelle Übertragung der Strategien auf andere Aufgabenbereiche (ebd.).

Sind die notwendigen Entscheidungen zu Trainingsgegenstand, -integration und Expliziertheitsgrad getroffen, so kann man in Anlehnung an existierende fremdsprachenbasierte Programme (z. B. O'Malley & Chamot 1990; Oxford 1990) eine vierstufige Trainingssequenz beginnen:

Am Anfang steht dabei eine *Identifikations- bzw. Sensibilisierungsphase*, deren Inhalte, Möglichkeiten und Grenzen zuvor hinlänglich dargestellt wurden. In der *Demonstrationsphase* führt die Lehrkraft die entsprechende Strategie zunächst sprachlich ein (wobei man hier im Zusammenhang mit dem Fremdsprachenlernen wohl von *metasprachlich* reden muss), um die Thematik und das Einsatzgebiet zu umreißen, woraufhin sie die Strategie an einer konkreten Aufgabe exemplarisch vorführt. Je nach Expliziertheitsgrad schließt sich eine Evaluation im obigen Sinne an (vgl. Tönshoff 2001:208).

In der *Erprobungs- und Übungsphase* bekommen die Lerner/innen die Gelegenheit, die trainierte Strategie im Zusammenhang mit verschiedenen Aufgaben anzuwenden und evtl. auftretende Schwierigkeiten und Probleme zu thematisieren.

Die abschließende *Evaluationsphase* erfüllt gleichermaßen eine Feedback-Funktion für die Lehrkraft, die hierdurch wichtige Bewertungen hinsichtlich der Art und Weise der Trainingsdurchführung erhalten kann, sowie eine abermals metakognitve Kontrolle für die Lerner/innen (ebd.).

Eine alternative Reihung von Häuptle-Barcelò (1995:62) sieht eine ähnliche Trainingsstruktur vor, unterscheidet sich jedoch insofern, dass der Trainingsgegenstand, d. h. die letztlich als effektiv beurteilte Lernstrategie, dem Pool zuvor von einem oder mehreren Lerner/innen tatsächlich verwendeten Strategien entnommen wird. An Stelle der explizit von der Lehrkraft demonstrierten Lernstrategie tritt bei ihr die ausführliche Analyse und Bewertung der zuvor identifizierten Strategievorlieben.

Es sollte noch festgehalten werden, dass Trainingssequenzen nicht zwangsläufig und zu jeder Gelegenheit alle Stufen umfassen müssen. Das gilt insbesondere für die Identifikationsphase, auf deren ggf. großen Aufwand schon hingewiesen wurde. Vielmehr sollte für ein integriertes Lernstrategietraining m. E. auch der Grundsatz gelten, dieses in den planmäßigen Unterrichtsalltag so einzuarbeiten, dass es zum festen Bestandteil eines universellen, stilbewussten Lehransatzes wird – ohne dabei das lerngruppenspezifische Stilprofil aus den Augen zu verlieren.

5 Schlussbetrachtung

Eine zusammenfassende Beurteilung der zahlreichen theoretischen Beiträge zum Forschungsgegenstand Lernstil wurde bereits in Kap. 3.3 abgegeben. Demnach soll an dieser Stelle vornehmlich dazu Stellung bezogen werden, welcher Wert dem Konstrukt in Bezug auf die spezifische Lernumgebung des Fremdsprachenunterrichts beigemessen werden kann.

Stern (2004:5) bezeichnet die Typologisierung von Lerner/innen auf der Grundlage beobachteten Verhaltens als „pseudowissenschaftliche Psychologisierung". Tatsächlich mussten im Verlauf der Arbeit wiederholt identifikationsmethodische Schwierigkeiten eingestanden werden; eine grundsätzliche Ablehnung von Eigenschaftszuschreibungen i. S. unterschiedlicher Lernstile ist m. E. jedoch nicht nachvollziehbar.

Zunächst ist hervorzuheben, dass die prinzipiell wertneutrale Konzeptualisierung einen vielleicht entscheidenden Anteil zur Abkehr von rein fähigkeits- und leistungsorientierten Beschreibungsgrößen des Lernens beisteuern kann. In einer von Selektion geprägten Bildungslandschaft stellt das auf die individuelle Persönlichkeit fokussierte und die jeweils stileigenen Stärken betonende Modell des Lernstils eine willkommene Alternative dar. Das gilt im Besonderen hinsichtlich förderunterrichtlicher Maßnahmen, für die ein Vokabular zur differenzierteren Benennung verschiedener Lernzugänge gewinnbringende Ansätze liefert.

So gesehen sind Lernstilkonstruktionen der Versuch, übergeordnete Ausdrucksformen für individuelle Unterschiede im Lernverhalten zu finden – deren Existenz und Relevanz bezüglich des Lernerfolgs nicht bezweifelt wird – ohne dabei einen Anspruch auf lernpsychologisch begründbare Vollständigkeit zu erheben.

Das größte Ertragspotenzial birgt die Beschäftigung mit belangvollen Lernstildimensionen jedoch für die Lerner/innen selbst, nicht für Lehrkräfte oder Institutionen, denen die vermeintliche Möglichkeit zur eindeutigen Kategorisierung von Lerner/innen womöglich doch wieder als Auslese- und Beurteilungsinstrument dienen könnte.

Der/die Lerner/in erhält die Möglichkeit, das persönliche, ggf. erfolglose Lernverhalten zu anderen Arten des Lernens in Beziehung zu setzen. Auf diese Weise kann er/sie sich der Tatsache bewusst werden, dass individuelle Lernwege und -profile nicht als unverrückbare Verhaltensweisen betrachtet werden müssen, sondern im Licht metakognitiver Steuerungsalternativen als zwar repräsentativ, aber gleichzeitig trainierbar erscheinen.

Demzufolge liegt es in der Hand der Lehrenden, Lerner/innen nicht nur dahingehend zu befähigen, über den Lerninhalt zu reflektieren, sondern auch über verschiedene Zugangsweisen.

Für den Fremdsprachenunterricht impliziert diese Sichtweise, dass v. a. der in dieser Arbeit auf den Bezugsrahmen der Stilforschung angewendete Unterschied zwischen deklarativem und prozeduralem Wissen deutlich herausgestellt und in seiner Bedeutung für differenziertere Teilbereiche von Sprache einerseits bewusstseinsvermittelnd thematisiert, hauptsächlich aber sprachpraktisch veranschaulicht werden muss.

Letzteres kann dabei nur im Rahmen einer gezielten Vermittlung von Sprachlern- und Kommunikationsstrategien wirkungsvoll umgesetzt werden. Die Terminologie zur konzeptuellen Darstellung als relevant befundener Sprachlerndimensionen bildet diesbezüglich einen nützlichen Überbau für die Gruppierung und Auswahl bereichsspezifischer Strategien.

Wie schon betont wurde, gilt hierbei nicht das Postulat des/der ausschließlich regel- oder kommunikationsorientierten Sprachenlerners/Sprachenlernerin. Sprachlernstile sind – metaphorisch betrachtet – vielmehr Teil eines Musikstückes, dessen Klangqualität (Lernerfolg) zum einen von der je persönlichen Mischung der einzelnen Tonspuren (Ausprägung der verschiedenen Dimensionen innerhalb eines Kontinuums), darüber hinaus jedoch von einer Vielzahl anderer Faktoren, z. B. dem Talent der Musiker/innen (Sprachlernbegabung der Lerner/innen), dem Tonstudio (der Unterrichtsumgebung), dem Produzenten/der Produzentin (der Lehrkraft) oder aktuellen Trends der Musikindustrie (Strömungen der Fremdsprachendidaktik) abhängig ist. Denkt man diese Allegorie noch ein Stück weiter, dann hängt die Klangqualität entscheidend von der Feinabstimmung der Tonspuren (gezielte Strategievermittlung) und damit von der Professionalität des Produzenten/der Produzentin ab, der darüber hinaus lediglich auf das Talent der Musiker/innen keine Einflussmöglichkeit hat.

Welche Positionierung ergibt sich aus diesen Überlegungen hinsichtlich der eingangs formulierten Frage nach dem Nutzen des Lernstilkonstrukts für den Fremdsprachenunterricht?

Empirisch belegte Erkenntnisse zu tatsächlich übersituativ wirksamen Lernstilen können in Anbetracht der undeutlichen Forschungslage bestenfalls im Rahmen der überwiegend nicht repräsentativen Untersuchungsgruppen als ergiebig angesehen werden. Jedoch sind auch diesbezüglich qualitative Zweifel anzumelden, sodass eine allumfassende Ausrichtung des Unterrichts an individuellen Lernstilen nicht vertretbar ist. Ein solches Szenario ist jedoch prinzipiell auch nicht wünschenswert, betrachtet man potenziell wirksame Lernstile korrekterweise als lediglich teilverantwortlichen Erfolgsfaktor des Lernens.

Dagegen ist es vor dem Hintergrund der herausgearbeiteten Bedeutung der einerseits formalsprachlichen und andererseits kommunikativen Orientierung insbesondere der Bereich des Fremdsprachenlernens, der die Existenz stilgeprägten Lernhandelns nahe legt – so nahe, dass man sich der Beschäftigung mit der Thematik, auch und v. a. hinsichtlich der inhaltlichen Wechselbeziehungen mit dem Gebiet der Lernstrategien, als betroffene Lehrkraft nicht entziehen kann, möchte man dem Anspruch eines lernerzentrierten, modernen Fremdsprachenunterrichts genügen.

6 Literaturverzeichnis

Gemäß der gängigen Verfahrensweise werden nachfolgend Quellen in gedruckter Form und elektronische Quellen voneinander getrennt und alphabetisch aufgelistet. Aus Gründen der Einheitlichkeit wurde bei Quellenverweisen auf eine entsprechende Kennzeichnung verzichtet, sodass ggf. beide Listen durchgesehen werden müssen.

6.1 Sekundärliteratur

ANDERSON, J. R. (1983). *The Architecture of Cognition*. Cambridge, MA: Harvard University Press.

BIMMEL, P. & RAMPILLON, U. (2000). *Lernerautonomie und Lernstrategien*. München: Langenscheidt.

BROWN, H. (1987). *Principles of Language Learning and Teaching* (2nd ed.). Englewood Cliffs, NJ: Prentice-Hall.

BUDNER, S. (1962). Intolerance of Ambiguity as a Personality Variable. *Journal of Personality, 30*, 29–50.

CASSIDY, S. (2004). Learning styles: An Overview of Theories, Models, and Measures. *Educational Psychology, 24,* 419–444.

CHAPELLE, C. & ROBERTS, C. (1986). Ambiguity Tolerance and Field Independence as Predictors in English as a Second Language. *Language Learning, 36* (1), 27-45.

CHAPELLE, C. & GREEN, P. (1992). ☐Field Independence/Dependence in Second-Language Acquisition Research.☐*Language Learning, 42* (1), 47–83.

CHRISTISON, M. A. (2003). Learning Styles and Strategies. In: Nunan, D. (Ed.), *Practical English Language Teaching*, 267-288. New York, NY: McGraw-Hill.

CORBETT, S. S. & SMITH, W. F. (1984). Identifying Student Learning Styles: Proceed with Caution! *The Modern Language Journal, 68* (3), 212-221.

CRONBACH, L. & SNOW, R. (1977). *Aptitudes and Instructional Methods: A Handbook for Research on Interactions*. New York: Irvington.

CURRY, L. (1987). *Integrating Concepts of Cognitive or Learning Style: A Review with Attention to Psychometric Standards*. Ottawa, ON: Canadian College of Health Service Executives.

DALE, E. (1969). *Audio-Visual Methods in Teaching* (3rd ed.). New York: Holt, Rinehart and Winston.

DAVIS, E., NUR, H. & RURU, S. (1994). Helping Teachers and Students Understand Learning Styles, *English Teaching Forum, 32* (3), 12-19.

DOYLE, W. & Rutherford, B. (1984). Classroom Research on Matching Learning and Teaching Styles. *Theory into Practice, 23* (1), 20-25.

DUNN, R. (1984). Learning Style: State of the Science. *Theory into Practice, 23* (1), 10-19.

EHRMAN, M. (1996): *Second Language Learning Difficulties: Looking Beneath the Surface.* Thousand Oaks, CA: Sage.

EHRMAN, M. & LEAVER, B. (2003). Cognitive Styles in the Service of Language Learning. *System, 31* (3), 393-415.

EHRMAN, M., LEAVER, B. & OXFORD, R. (2003). A Brief Overview of Individual Differences in Second Language Learning. *System, 31* (3), 313-330.

ELLIS, R. & RATHBONE, M. (1990). Learning 'That' and Learning 'How': Alternative Styles in Second Language Learning. In: Duda, R. & Riley, P. (Eds.), *Learning Styles: Proceedings of the First European Seminar,* 55-75. Nancy: Presses Universitaires de Nancy.

FELDER, R. (1993). Reaching the Second Tier: Learning and Teaching Styles in College Science Education. *College Science Teaching, 23* (5), 286–290.

FELDER, R. & HENRIQUES, E. R. (1995). Learning and Teaching Styles in Foreign
and Second Language Education. *Foreign Language Annals, 28,* 21-31.

FRIEDMAN, P. & ALLEY, R. (1984). Learning/Teaching Styles: Applying the Principles. *Theory into Practice, 23* (1), 77-81.

GIVEN, B. (1996). Learning Styles: A Synthesized Model. *Journal of Accelerated Learning and Teaching, 21* (1&2), 11-44.

GRASHA, A. (1984). Learning Styles: The Journey from Greenwich Observatory (1796) to the College Classroom (1984). *Improving College and University Teaching, 32* (1), 46–53.

GREGORC, A. F. (1982). *An Adult's Guide to Style.* Maynard, MA: Gabriel Systems.

GREGORC, A. F. (1984). Style as a Symptom: A Phenomenological Perspective. *Theory into Practice, 23* (1), 51-55.

GREGORC, A. F. (1985). *Gregorc Style Delineator: A Self-Assessment Instrument for Adults.* Columbia, CT: Gregorc Associates Inc.

GROTJAHN, R. (1998). Lernstile und Lernstrategien. Definition, Identifikation, unterrichtliche Relevanz. *Der Fremdsprachliche Unterricht / Französisch, 32,* 11-15.

GUILFORD, J. P. (1980). Cognitive Styles: What are They? *Educational and Psychological Measurement, 40* (3), 715–735.

HÄUPTLE-BARCELÒ, M. (1995). Der Beitrag von Lernstrategien und Lerntechniken zu einem erfolgreichen Fremdsprachenerwerb. *Hispanorama, 70,* 112-115.

HALL, E. & MOSELEY, D. (2005). Is There a Role for Learning Styles in Personalised Education and Training? *International Journal of Lifelong Education, 24* (3), 243-255.

HONEY, P. & MUMFORD, A. (1992). *The Manual of Learning Styles.* Maidenhead: Peter Honey.

HYMAN, R. & ROSOFF, B. (1984). Matching Learning and Teaching Styles: The Jug and What's in It. *Theory into Practice, 23* (1), 35-43.

KEEFE, J. W. (1987). *Learning Style Theory and Practice.* Reston, VA: National Association of Secondary School Principals.

KOHONEN, V. (1990). Towards Experiential Learning in Elementary Foreign Language Education. In: Duda, R. & Riley, P. (Eds.), *Learning Styles: Proceedings of the First European Seminar,* 21-42. Nancy: Presses Universitaires de Nancy.

KOLB, D. A. (1984). *Experiential Learning: Experience as the Source of Learning and Development.* Englewood Cliffs, NJ: Prentice-Hall.

KOLB, D. A. (2000). *Facilitator's Guide to Learning.* Boston: Hay/McBer Training Resources Group.

KOLB, D. A. & BOYATIS, R. E. (2001). Experiential Learning Theory: Previous Research and New Directions. In: Sternberg, R. J. & Zhang, L. (Eds.), *Perspectives on Thinking, Learning, and Cognitive Styles,* 227-247. London: Lawrence Erlbaum.

LITTLE, D. & SINGLETON, D. (1990). Cognitive Style and Learning Approach. In: Duda, R. & Riley, P. (Eds.), *Learning Styles: Proceedings of the First European Seminar,* 11-20. Nancy: Presses Universitaires de Nancy.

LOMPSCHER, J. (1996). Lernstrategien - eine Komponente der Lerntätigkeit. *Empirische Pädagogik, 10,* 235-243.

LOOß, M. (2001). Lerntypen? Ein pädagogisches Konstrukt auf dem Prüfstand. *Die Deutsche Schule, 93* (2), 186-198.

LYONS, C. & LANGUIS, M. (1985). Cognitive Science and Teacher Education. *Theory into Practice, 24* (2), 127-130.

MAYER, R. E. (1997). Multimedia Learning: Are We Asking the Right Questions? *Educational Psychologist, 32,* 1-19.

McCRAE, R. & COSTA, P. (1989). Reinterpreting the Myers-Briggs Type Indicator from the Perspective of the Five-Factor Model of Personality. *Journal of Personality, 57,* 17-40.

MYERS, K. & KIRBY, L. (1998). *Introduction to Type Dynamics and Development.* Oxford: Oxford Psychological Press.

MOODY, R. (1988). Personality Preferences and Foreign Language Learning. *The Modern Language Journal, 72* (4), 389-401.

O'MALLEY, M., CHAMOT, A., STEWNER-MANZANARES, G., RUSSO, R. & KUPPER, L. (1985). Learning Strategy Applications with Students of English as a Second Language, *TESOL Quarterly, 19*, 557-584.

O'MALLEY, M. & CHAMOT, A. (1990). *Learning Strategies in Second Language Acquisition.* Cambridge u. a.: Cambridge University Press.

OXFORD, R. & NYIKOS, M. (1989). Variables Affecting Choice of Language Learning Strategies by University Students. *The Modern Language Journal, 73* (3), 291-300.

OXFORD, R. (1990). *Language Learning Strategies: What Every Teacher Should Know.* New York, NY: Newbury House.

OXFORD, R. & EHRMAN, M. (1990). Adult Language Learning Styles and Strategies in an Intensive Training Setting. *The Modern Language Journal, 74* (3), 311-327.

OXFORD, R., HOLLAWAY, M. & HORTON-MURILLO, D. (1992). Language Learning Style and Strategies in the Multicultural, Tertiary L2 Classroom. *System, 20* (3), 439-456.

OXFORD, R. (1995). When Emotion Meets (Meta)Cognition in Language Learning Histories. *International Journal of Educational Research, 23* (7), 581-594.

OXFORD, R. & ANDERSON, N. (1995). A Crosscultural View of Learning Styles. *Language Teaching, 28*, 201-215.

OXFORD, R. & BURRY-STOCK, J. (1995). Assessing the Use of Language Learning Strategies Worldwide with the ESL/EFL Version of the Strategy Inventory of Language Learning (SILL). *System, 23* (1), 1-23.

OXFORD, R. (2001). Language Learning Styles and Strategies. In: Celce-Murcia, M. (Ed.), *Teaching English as a Second or Foreign Language, 359-366.* Boston: Heinle & Heinle.

PASK, G. (1976). Styles and Strategies of Learning, *British Journal of Educational Psychology, 46*, 128-148.

RAYNER, S. & RIDING, R. (1997). Towards a Categorisation of Cognitive Styles and Learning Styles. *Educational Psychology, 17* (1&2), 5-27.

REID, J. (1987). The Learning Style Preferences of ESL Students. *TESOL Quarterly, 21*, 87-111.

RIDING, R. & BUCKLE, C. (1990). *Learning Styles and Training Performance.* Sheffield: Training Agency.

RIDING, R. & RAYNER, S. (1998). *Cognitive Styles and Learning Strategies. Understanding Style Differences in Learning and Behavior*. London: David Fulton Publishers.

RUBIN, J. (1987). Learner Strategies: Theoretical Assumptions, Research History and Typology. In: Wenden, A. & Rubin, J. (Eds.), *Learner Strategies in Language Learning*, 15-19. Hertfordshire: Prentice-Hall.

SCARCELLA, R. & OXFORD, R. (1992). *The Tapestry of Language Learning: The Individual in the Communicative Classroom*. Boston: Heinle & Heinle.

SCHMECK, R. (1988). *Learning Strategies and Learning Styles*. New York: Plenum Press.

SCHULZ-WENDLER, B. (2001). *Lernstile und Fremdsprachenlernen. Empirische Studie zum computergestützten Grammatiklernen*. Bochum: AKS-Verlag.

SKEHAN, P. (1989). *Individual Differences in Second-Language Learning*. London: Edward Arnold.

SMITH, L. & RENZULLI, J. (1984). Learning Style Preferences: A Practical Approach for Classroom Teachers. *Theory into Practice, 23* (1), 44-50.

STERN, E. (2004). Schubladendenken, Intelligenz und Lerntypen. *Friedrich Jahresheft, 22*, 36-40. Zugriff am 24.10.2007 unter http://www.ganztagsschulverband.de/KongressDownload/ KongressDownload2006/Stern_Heterogenitaet.pdf

STRONG CINCOTTA, M. (1998). Preferred Learning Styles in the Second Language Classroom. *Babel, 33* (2), 10-13.

TÖNSHOFF, W. (1997). Training von Lernerstrategien im Fremdsprachenunterricht unter Einsatz bewusst machender Vermittlungsverfahren. In: Rampillon, U. & Zimmermann, G. (Hrsg.), *Strategien und Techniken beim Erwerb fremder Sprachen*, 203-215. Ismaning: Hueber.

VESTER, F. (1998). *Denken, Lernen, Vergessen* (25. Aufl.). München: dtv.

VOLLMER, A. (1999). Persönlichkeitstypen und Lernstile im Fremdsprachenunterricht. *PRAXIS, 46* (2), 131-137.

WITKIN, H., MOORE, C., GOODENOUGH, D. & COX, P. (1977). Field-Dependent and Field-Independent Cognitive Styles and Their Educational Implications. *Review of Educational Research, 47* (1), 1-64.

6.2 Elektronische Quellen

ANDREW, D., GREEN, M., HOLLEY, D. & PHEIFFER, G. (2002). Integrating Learning Styles into the Classroom: Challenges for Learners and Teachers. *Paper given to BEST conference 2002.* Zugriff am 18.09.2007 unter http://www.business.ltsn.ac.uk/events/BEST%25202002/Papers/ GreenAndrewPheifferHolly.pdf

BANNER, G. & RAYNER, S. (2000). Learning Language and Learning Style: Principles, Process and Practice. *Language Learning Journal, Summer 2000* (21), 37-44. Zugriff am 14.10.2007 unter http://www.ittmfl.org.uk/modules/teaching/1f/paper1f2.pdf

BOYLE, G. J. (1995). Myers-Briggs Type Indicator (MBTI): Some Psychometric Limitations. *Australian Psychologist, 30,* 71-74. Zugriff am 24.09.2007 unter http://epublications.bond.edu.au/cgi/viewcontent .cgi?article=1026&context=hss_pubs

COFFIELD, F., MOSELEY, D., HALL, E. & ECCLESTONE, K. (2004). *Learning Styles and Pedagogy in post-16 Learning: A Systematic and Critical Review.* London: Learning and Skills Research Centre. Zugriff am 03.09.2007 unter http://www.lsda.org.uk/files/pdf/1543.pdf

COHEN, A., OXFORD, R. & CHI, J. (2002). *Learning Style Survey: Assessing your own Learning Styles.* University of Minnesota, Center for Advanced Research on Language Acquisition (Eds.). Zugriff am 18.10.2007 unter http://www.carla.umn.edu/about/profiles/CohenPapers/LearningStylesSurvey .pdf

DECOO, W. (1996). The Induction-Deduction Opposition: Ambiguities and Complexities of the Didactic Reality. *International Review of Applied Linguistics, 34* (2), 95-118. Zugriff am 04.10.2007 unter http://webh01.ua.ac.be/didascalia/downloads/Onlineartikels/Decoo/ Decoo_In-deduc.pdf

DUNN, R. (Ed.)(2007). *International Learning Styles Network.* Zugriff am 18.09.2007 unter http://www.learningstyles.net/

EHRMAN, M. (1999). Bringing Learning Strategies to the Student: The FSI Language Learning Consultation Service. In: Alatis, J.E. (Ed.), *Georgetown University Round Table On Languages And Linguistics,* 41-58. Washington, D.C.: Georgetown University Press. Zugriff am 05.10.2007 unter http://digital.georgetown.edu/gurt/1999/gurt_1999_05.pdf

GARTON, B., DYER, J., KING, B. & BALL, A. (2000). *Predicting College Agriculture Students' Academic Performance and Retention: A Trend Study.* University of Missouri, College of Agriculture and Life Sciences (Eds.). Zugriff am 22.09.2007 unter http://aaae.okstate.edu/proceedings/2000/web/J3.PDF

GENESEE, F. (2000). *Brain Research: Implications for Second Language Learning.* Santa Cruz, CA: Office of Educational Research and Improvement, Washington, D.C. Zugriff am 03.10.2007 unter http://pegasus.cc.ucf.edu/~gurney/BrainLearning.doc

HISER, E. (2003). Learning Styles in the ESL/EFL Classroom. Myths and Realities. *Proceedings of the 16th EA Educational Conference 2003.* Zugriff am 18.10.2007 unter http://www.englishaustralia.com.au/ea_conference03/proceedings/pdf/018F_Hiser.pdf

KNECHT, S. (Hrsg.)(2007). *Life Science Lexicon: Distaler Reiz.* Zugriff am 09.09.2007 unter http://www.bionity.com/lexikon/d/Distaler_Reiz

KOLB, D. A. & KOLB, A. Y. (2005). *The Kolb Learning Style Inventory - Version 3.1.* Boston: HayGroup. Zugriff am 25.09.2007 unter http://learningfromexperience.com/images/uploads/Tech_spec_LSI.pdf

LANG, N. (Hrsg.)(2007). *Socioweb Lexikon: Pattern Drill.* Zugriff am 08.10.2007 unter http://www.socioweb.de/lexikon/

LEE, J. (2000). Language Learning Styles of Korean Midshipmen Learning English. *KOTESOL Proceedings*, 8, 47-57. Zugriff am 02.10.2007 unter http://www.kotesol.org/?q=KCP

LOCHMANN, B. (Hrsg.)(2007). *Lerntipps für Kinder und Jugendliche.* Zugriff am 21.10.2007 unter http://www.lerntippsammlung.de/Lerntipps.html

LOOß, M. (2003). *Von den Sinnen in den Sinn? Eine Kritik pädagogisch-didaktischer Konzepte zu Phänomen und Abstraktion.* Technische Universität Braunschweig, Institut für Fachdidaktik der Naturwissenschaften (Hrsg.). Zugriff am 25.09.2007 unter http://www.ifdn.tu-bs.de/didaktikbio/mitarbeiter/looss/ looss_Von_den_Sinnen.pdf

LUBLIN, J. (2003). *Deep, Surface and Strategic Approaches to Learning: A Guide to Good Practice in Teaching and Learning.* Dublin: UCD Centre for Teaching and Learning. Zugriff am 27.09.2007 unter http://www.ucd.ie/teaching/printableDocs/Good%20Practices%20in%20T&L/deep%20surface&stragtic%20approaches%20to%20learning.pdf

McCRACKEN, T. (Ed.)(2007). *Cartoon „To be or not to be – or something in-between".* Zugriff am 21.10.2007 unter http://www.pioneertelephonecoop.com/~mchumor/book_Shakespeare_cartoon.html

MELIS, E. & MONTHIENVICHIENCHAI, R. (2004). They Call It Learning Style But It's So Much More. In: Richards, G. (Ed.), *Proceedings of World Conference on E-Learning in Corporate, Government, Healthcare, and Higher Education*, 1383-1390. Chesapeake, VA: AACE. Zugriff am 28.09.2007 unter http://www.ags.uni-sb.de/~melis/Pub/eLearn04.pdf

MYERS, B. & DYER, J. (2004). *The Influence of Student Learning Style on Critical Thinking Skill*. University of Florida, College of Agricultural Sciences (Eds.). Zugriff am 02.10.2007 unter http://aee.cas.psu.edu/NAERC/sessions/SessionJ/LSCTMyersDyerFinal.pdf

RHEM, J. (1995). Deep/Surface Approaches to Learning: An Introduction. *The National Teaching and Learning Forum*, 5 (1), 1-4. Zugriff am 27.09.2007 unter http://www.ntlf.com/html/pi/9512/download.pdf

ROBOTHAM, D. (1999). *The Application of Learning Style Theory in Higher Education Teaching*. University of Wolverhampton, Wolverhampton Business School (Eds.). Zugriff am 14.10.2007 unter http://www2.glos.ac.uk/gdn/discuss/kolb2.htm

THOMAS, M. & WANG, A. (1996). Learning by the Keyword Mnemonic: Looking for Long Term Benefits. *The American Journal of Psychology*, *113* (3), 331-340. Zugriff am 09.10.2007 unter http://imagesrvr.epnet.com/embimages/pdh2/xap/xap24330.pdf

WEN, W. & CLEMENT, R. (2003). A Chinese Conceptualisation of Willingness to Communicate in ESL. *Language, Culture and Curriculum*, *16* (1), 18-38. Zugriff am 13.10.2007 unter http://www.multilingual-matters.net/lcc/016/0018/lcc0160018.pdf

7 Anhang

Es folgt eine Darstellung der in Kap. 4.1.2 besprochenen Lernstrategien des *Strategy Inventory for Language Learning* in der Originalsprache. Die komplette Darstellung des SILL inklusive Anleitung und Auswertungsbogen findet sich bei Oxford (1990:293-300).

1. I think of relationships between what I already know and new things I learn in English.
2. I use new English words in a sentence so I can remember them.
3. I connect the sound of a new English word and an image or picture of the word to help me remember the word.
4. I remember a new English word by making a mental picture of a situation in which the word might be used.
5. I use rhymes to remember new English words.
6. I use flashcards to remember new English words.
7. I physically act out new English words.
8. I review English lessons often.
9. I remember new English words or phrases by remembering their location on the page, on the board, or on a street sign.
10. I say or write new English words several times.
11. I try to talk like native English speakers.
12. I practice the sounds of English.
13. I use the English words I know in different ways.
14. I start conversations in English.
15. I watch English language TV shows spoken in English or go to movies spoken in English.
16. I read for pleasure in English.
17. I write notes, messages, letters, or reports in English.
18. I first skim an English passage (read over the passage quickly) then go back and read carefully.
19. I look for words in my own language that are similar to new words in English.
20. I try to find patterns in English.
21. I find the meaning of an English word by dividing it into parts that I understand.
22. I try not to translate word for word.
23. I make summaries of information that I hear or read in English.
24. To understand unfamiliar English words, I make guesses.
25. When I can't think of a word during a conversation in English, I use gestures.
26. I make up new words if I do not know the right ones in English.
27. I read English without looking up every new word.
28. I try to guess what the other person will say next in English.
29. If I can't think of an English word, I use a word or phrase that means the same thing.